HORST SCHÖNE

unsere STAUDEN

IDEALE WEGBEGLEITER DURCH DAS GARTENJAHR

LIEBE LESER,

wohl keine Pflanzengruppe bringt uns den Wechsel der Jahreszeiten so nah, wie unsere winterharten Freilandstauden. Bereits sehr früh bin ich ihrem Zauber verfallen. Wenn man zwischen blühender Wiesen, Wald- und Feldrandflora in der Nachbarschaft der Berge der Sächsischen Schweiz aufgewachsen ist, wird man von dieser einzigartigen Landschaft geprägt. Oft ein ganzes Leben lang.

Ein Schlüsselerlebnis war der Gang als damals Fünfjähriger mit meinem Großvater zu einem Weiher, der inmitten wogender Getreidefelder lag. Einige Weiden, Rohrkolben und Sumpfiris umgaben eine kleine Wasserfläche, in der Teichrosen wuchsen und die von Libellen und vielen Insekten umworben wurde. Eine Oase, die auf mich einen starken Eindruck hinterlassen hat und die mit der Zusammenlegung von Feldern in den 60er-Jahren förmlich über Nacht verschwand.

Später als Gärtnerlehrling waren es Schwertlilien auf dem Schulhof, die durch ihr reiches Farbenspiel und den besonderen Duft meine ganze Aufmerksamkeit auf sich zogen. Die Begeisterung für die Iris begleitete mich stets auf meinen gärtnerischen Wegen, weshalb ich dieser wunderbaren Pflanze ein eigenes Kapitel widme.

▸ Wildstaudenerlebnisse gehören zu den Szenerien, die für immer im Gedächtnis haften bleiben.

Wegweisend bei der Entwicklung meiner Leidenschaft für Stauden waren die Bücher des renommierten Staudenzüchters Karl Foerster. Er sorgte dafür, dass winterharte Stauden Einzug in die deutschen Gärten hielten und steckte mich mit seiner Begeisterung für diese Pflanzengattung an. Die Bekanntschaft mit ihm, die ich bereits zu Beginn meines Gartenbaustudiums an der Humboldt-Universität zu Berlin machte und die mich auch menschlich sehr prägte, gab wohl den endgültigen Ausschlag, mich auch beruflich den Stauden zu widmen. Ich gehöre damit zu denjenigen, die das große Glück hatten, ihr Hobby zum Beruf zu machen.

Als Gartenreiseleiter hat mich der Weg in die Gärten Europas geführt, vor allem nach England. Das fachte das Staudenfeuer noch zusätzlich an, denn im „Gartenmutterland" konnte ich vielfältige Pflanzbeispiele bewundern, die ich nicht selten auch zu Hause im heimischen Garten bzw. im egapark ausprobierte.

▸ Horst Schöne in seinem Weimarer Garten

Als besonderen Leckerbissen haben mir Freunde und Berufskollegen für dieses Buch ihre persönlichen Lieblingsstauden-Kombinationen zusammengestellt. Diese Pflanzungen sind alle zur Nachnutzung empfohlen.

Dem Thema Steingarten bin ich – trotz seiner leider abnehmenden Popularität – sehr verbunden. Auslöser war wohl meine Leidenschaft, alte Steintröge zu sammeln und Miniatursteingärten entstehen zu lassen. Meine tschechischen Freunde mit ihrem besonderen Verständnis für Stein- und Pflanzengestaltung entwickelten wahre Kunstwerke im Erfurter egapark und auf Ausstellungen. Auch davon wird die Rede sein. Natürlich dürfen meine Lieblingsstauden nicht fehlen. Ebenso Stauden für verschiedene Lebensbereiche und insektenfreundliche Stauden. Dass Stauden zu jeder Jahreszeit ihren Reiz haben, möchte ich Ihnen mit den Fotoseiten der einzelnen Monate zeigen, die Sie über das Buch verteilt finden.

Ich hoffe, das zusammengestellte „Staudenmenü“ kommt bei Ihnen gut an und macht Appetit auf mehr: „Denn wer einmal von dem Staudenbazillus befallen wurde, kommt nie mehr von ihm los.“ (Karl Foerster)

Ihr Horst Schöne

▸ In Thüringen gibt es beeindruckende Bestände vom Reiherfedergras in der Natur.

WAS SIND STAUDEN UND WOHER KOMMEN SIE?

Unter Stauden verstehen wir mehrjährige, krautartige Zierpflanzen, die in der Regel winterhart sind. Sie überwintern mit Rhizomen, Wurzelstöcken, als Polsterpflanzen oder im immer- bzw. wintergrünen Zustand. Verholzende Stauden wie Lavendel werden auch als Halbsträucher bezeichnet.

Stauden sind Kosmopoliten. Sie haben ihre Heimat in den gemäßigten Klimazonen unserer Erde. Vom Meeresstrand bis zum Hochgebirge, in Steppen und Tundren, in Wiesen und Wäldern, an den Ufern der Flüsse und im Wasser.

Wir haben es mit einer Riesengruppe von Pflanzen zu tun und bereits die Wildarten sind kaum zu überblicken. Züchterische Arbeit hat ihre Vielfalt enorm erweitert. So ist das Sortenspektrum beispielsweise bei den Iris, den Hemerocallis und den Hosta nur schwer zu erfassen. Für jeden Garten, ob Schattengarten oder Sonnenplatz, feucht oder trocken, gibt es die passenden Stauden. Eine gründliche Recherche zu ihrer Verwendung ist deshalb dringend anzuraten, bevor man sich für eine Art und eine Sorte entscheidet.

Ob kurzlebige oder langlebige Stauden, ob Blüten- oder Blattschmuckstauden, ob Gräser oder Farne, die geheimnisvolle Welt der Stauden hat mich schon früh in ihren Bann gezogen und tut es heute noch. Spektakulär sind für mich immer wieder blühende Bergwiesen. Davon kann man nicht genug bekommen!

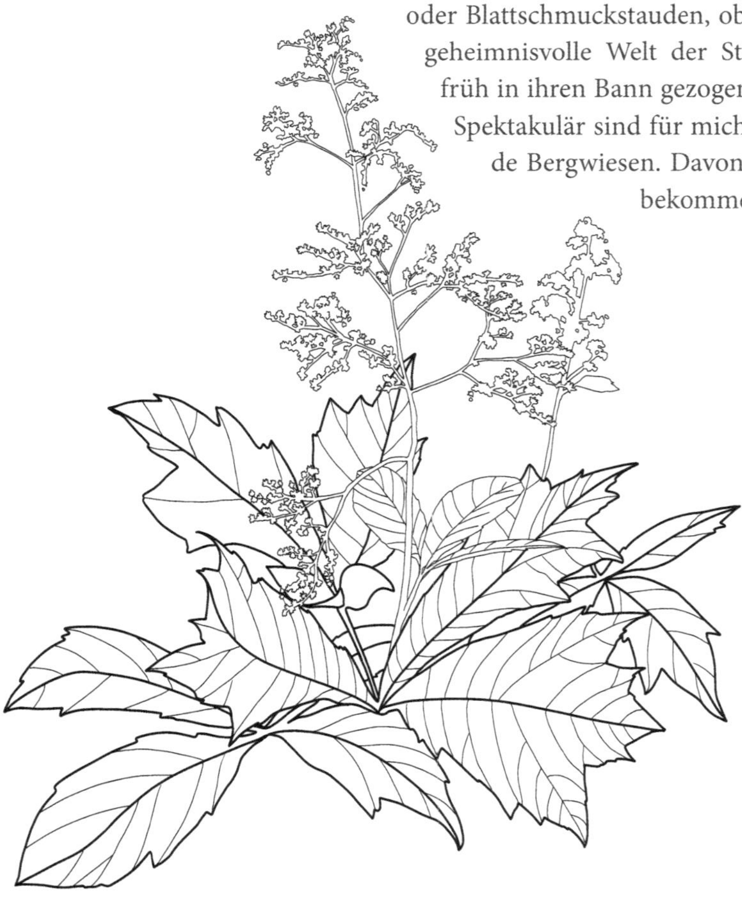

INHALTSVERZEICHNIS STAUDEN

Kapitel 1

WEGE ZU DEN IRIS

▸ Diese Iris verzaubert mit einer perfekt geformten Blüte.

WEGE ZU DEN IRIS

Um es vorwegzunehmen: Es ist nachfolgend von den hohen Bartiris die Rede. Sie waren es, die mich auf meinem Weg zu den Iris vor allem begleitet haben. Doch die Irisfamilie ist riesig und bietet noch viel mehr für den Garten.

Mindestens 5000 Jahre Geschichte haben die Iris nun schon geschrieben. Zur Zeit der Minoischen Kultur wurden Keramiken mit Iriszeichnungen auf Kreta angefertigt. In der griechischen Mythologie überbringt die Götterbotin Iris auf einem Regenbogen zur Erde steigend den Menschen Botschaften der Hera und anderer Gottheiten. Und so leuchten auch die Farben der Iris wie ein Regenbogen. Einzig das reine Rot – ähnlich dem der Mohnblumen – fehlt in der Farbpalette. Allerdings könnte ich mir diese Farbe an den Iris auch nicht vorstellen. Auf jeden Fall war es das Farbspektrum dieser bemerkenswerten Pflanzen, das mich bereits als Lehrling auf einem Schulhof in seinen Bann gezogen hat.

Der Duft, den die Iris verströmen, ist ebenfalls nicht zu unterschätzen. Doch hier ist Vorsicht geboten. Ich habe einmal wunderbar blühende rosafarbene Iris in die Wohnstube geholt und wurde gefragt, ob ich wohl im Zoo gewesen wäre und den Geruch von Raubtieren mitgebracht hätte. Aber mit dem Duft von Schokolade, von Zitronen, Maiglöckchen und Wohlgerüchen, die kaum zuzuordnen sind, setzen die Iris Akzente feinster Sorte. Es sind zudem Schnittblumen von Rang, die länger als eine Woche durchhalten, wenn sie kurz vor dem Aufblühen geschnitten werden und alles Verblühte regelmäßig entfernt wird. Da die Knospen jedoch auf dem Transport leicht brechen, sind sie leider für den Handel kaum interessant. Auf Wochenmärkten allerdings werden sie oft angeboten.

Züchterisch wurden die Iris in den vergangenen Jahrzehnten intensiv bearbeitet. Die Blütenform und die Substanz, das heißt die Festigkeit der Blütenblätter, hat gegenüber den Iris, die der versierte Staudengärtner und Pflanzenkenner Karl Foerster seinerzeit immer als „müde blaue Bahnwärteriris" bezeichnete, einen gewaltigen Sprung nach vorn gemacht. Die Hängeblätter stehen oft waagerecht und die Domblätter bleiben geschlossen, auch nach Regenfällen. Der sogenannte Bart, die Einflugschneise für Insekten, setzt auf farbliche Akzente. Regelmäßiges Ausputzen, also Entfernen der alten Blüten, ist wichtig für den Gesamteindruck und verhindert unerwünschte Tropfen- und Schlierenbildung. Die kleinen „kosmetischen" Handgriffe sollten bei den täglichen Gängen durch den Garten kein Problem sein.

Mein Weg zu den Iris begann so richtig im jetzigen egapark in Erfurt, damals auf dem Gelände der iga (Internationale Gartenbauausstellung, seit 1991 ega). Dort lud am Südhang der Irisgarten „Alexander Steffen" mit mehr als 100 Bartirissorten zur Blütezeit zum Staunen ein. Neben Züchtungen der 60er- und 70er-Jahre wurden über 20 ältere Sorten des Erfurter Züchters Alexander Steffen vorgestellt. Die Sorten 'Große Zitrone', 'Weißes Segel' und 'Frühlingskleid' sind mir noch in guter Erinnerung. Nachschub von neueren Sorten gelangten vom Botanischen Garten Brno (Brünn) nach Erfurt. Den tschechischen Kollegen war es möglich, problemlos aus dem Ausland Irissorten zu beziehen, zum Beispiel über den Austausch von Pflanzen mit anderen botanischen Gärten – das war bei uns damals undenkbar. Wenn mein Weg mich mindestens einmal im Jahr nach Brno führte, befanden sich auf dem Heimweg stets Iris und andere Besonderheiten im Gepäck, die am Zoll vorbeigeschmuggelt wurden. Die Pflanzen vermehrte ich zunächst in meinem Hausgarten, um dann größere Stückzahlen im Irisgarten der iga zu pflanzen.

Mein „Wünschelruteninstinkt", der mir unter anderem beim Aufspüren seltener Pflanzen, einzigartiger Steintröge oder anderer interessanter Dinge gute Dienste leistete, half mir, den Iris auf der iga zu höherem Ansehen zu verhelfen. Anfang der 80er-Jahre besichtigte ich durch Zufall die Kellerräume des Gartenbaumuseums in der historischen Erfurter Cyriaksburg.

Mir erschienen diese Räume mit ihren rechteckigen Sandsteinsäulen und dem Bogengewölbe sowie der Durchschnittstemperatur zwischen 10 und 12 °C besonders geeignet, um Blumenausstellungen zu arrangieren. Mein Vorschlag fand Anklang und mithilfe von Gärtnern und Handwerkern der iga präsentierten wir 1984 die erste Blumenschau – selbstverständlich eine Irisschnittausstellung. Die Kombination von Irisarrangements und Metallplastiken des Erfurter Künstlers Helmut Senf wurde ein Erfolg. Damit war die Tür weit aufgestoßen für weitere Ausstellungen mit Rosen, Lilien und einer wunderbaren Weihnachtsbindeschau, die zahlreiche Besucher begeisterten. Da die Verbindung von Iris und Kunst bei der ersten Ausstellung so erfolgreich gewesen war, griff man auch später darauf zurück. Mit bedruckten Stoffen, Aquarellen, künstlerischen Fotografien und anderen Kunstwerken wurden die Irisblüten in ein besonderes Scheinwerferlicht gerückt.

▸ Die prächtigen Bogengewölbe in den Kellerräumen der Erfurter Cyriaksburg boten das passende Ambiente für die wunderschönen Irisschnittarrangements, die wir dort im Rahmen von Blumenschauen präsentierten.

► Iris lieben sonnige Standorte.

DER STANDORT MUSS PASSEN

Die Standortbedingungen sind das A und O für die Kultur, vor allem der neuen Bartirissorten. Ältere Sorten haben weniger Ansprüche, eine größere Standortamplitude und sind wüchsiger. Dabei müssen jedoch Abstriche in der Blütenschönheit hingenommen werden.

Die neuen Sorten dagegen brauchen etwas mehr Zuwendung und sind zum Teil anfälliger für Krankheiten wie Rhizomfäule. Volle Sonne und gut dränierter Boden, richtige Pflanzung (Flachwurzler), rechtzeitiges Entfernen der alten Blütenstiele, gelegentliches Umpflanzen alle drei bis fünf Jahre im Juli/August sowie Ausputzen und Blattrückschnitt vor dem Winter (damit nichts fault) sind Voraussetzungen für ungetrübte Irisfreuden.

Der Leitspruch „Die Sorte ist das Schicksal deines Gartens" trifft auf die Iris in besonderem Maße zu. Es gibt mittlerweile mehr als 1.000 Sorten im Irissortiment und ich kann nur empfehlen, sich bei der Auswahl an regionalen Anbietern zu orientieren oder sich Tipps von Irisliebhabern aus der näheren Umgebung zu holen, damit man eine Sorte findet, die unter den regionalen Bedingungen gut gedeiht. Wer nur nach dem Äußeren eine Sorte aus dem Katalog bestellt, wird unter Umständen nicht viel Freude an den Iris haben.

▸ Beim „Offenen Gartentor“ begrüßt alljährlich ein Blumenstrauß mit Iris die Besucher in meinem Garten.

Nach der Wende zeigte die Fachgruppe Iris der Gesellschaft für Staudenfreunde Interesse, Irisausstellungen mit Bewertung in den historischen Räumen der Cyriaksburg durchzuführen. An eine Episode aus dieser Zeit erinnere ich mich immer wieder gern. 1992 war im Veranstaltungskalender des egaparks eine Irisschnittschau eingeplant. Bedingt durch Wetterkapriolen blühten jedoch im Irisgarten zu wenig Iris, um die Grundgestaltung zu bedienen. Hier trat etwas zutage, was besonders in den ersten Nachwendejahren zu verzeichnen war: ein ausgeprägtes Gefühl der Hilfsbereitschaft und Solidarität unter den Gärtnern in Ost und West. Vermittelt durch Susanne Weber von der Staudengärtnerei Gräfin von Zeppelin in Sulzburg/Laufen, die ich in Grünberg kennengelernt hatte, konnte ich von dieser Gärtnerei eine beträchtliche Anzahl Schnittiris, die in der klimatisch günstigen Lage schon blühten, nach Erfurt holen. Die Ausstellung war gerettet!

„Auf den Iris liegt für mich immer noch **ein Mythos**, auch wenn sie mich schon lange auf meinem Gärtnerweg begleitet haben. Wenn ich mir im Gegenlicht Blüten von 'Victoria Falls', 'Frost and Flame', 'Dual Tone' und ähnlichen Sorten ansehe, bin ich fasziniert vom „Irisieren", diesem durchsichtigen seidigen Glanz, der auf vielen Irisblüten liegt. Für mich können diese Blüten mit denen der Orchideen ohne Weiteres konkurrieren. **Es sind Blütenschönheiten, die fast der Realität entrückt sind und die viele Gartenfreunde in ihren Bann ziehen.**"

► Elfenblumenlaub

► Balkan-Storchschnabel

► Palmblatt-Christrose

► Bergenienblätter

► Teppich-Knöterich

► Lampenputzergras

► Sedum

► Steppenwolfsmilch

► Teppich-Golderdbeere

JANUAR

Raureif nimmt dem Winter alle Erdenschwere

(Karl Foerster)

Kapitel 2

MEINE PERSÖNLICHEN FAVORITEN IM STAUDENREICH

MEINE PERSÖNLICHEN FAVORITEN IM STAUDENREICH

Wer sich ein ganzes Leben lang mit den winterharten Stauden beschäftigt hat, dem sind einige Staudenarten und -sorten ans Herz gewachsen, die ohne Wenn und Aber zur Weiterverwendung empfohlen werden können. Andere haben es dagegen nicht geschafft, durch den nach Karl Foerster benannten „Enttäuschungsfilter" zu kommen. So stehe ich beispielsweise den Astilben, deren Schönheit unbestritten ist, zwar nicht ablehnend, aber doch skeptisch gegenüber. Dazu beigetragen haben sicherlich die Bilder vom falschen Standort und die von Trockenheit geschädigten Pflanzungen.

Viele Beetstauden, wie Heliopsis (das Sonnenauge) oder den hohen Staudenphlox, finde ich zwar toll und in Sträußen unwiderstehlich – in Pflanzungen allerdings haben sie mich oft enttäuscht. Mag sein, dass mangelnde Ausdauer bei der Suche nach der richtigen Sorte ein Grund für die nicht erfüllten Erwartungen war. Auf jeden Fall habe ich festgestellt, dass ich im Laufe meines Gärtnerlebens zunehmend Wert auf Blattstrukturen und ganzjährige Erlebbarkeit gelegt habe.

Im Folgenden stelle ich Ihnen einige meiner Favoriten im Staudensortiment vor. Darunter sind viele wunderbare Sorten, die einen festen Platz in meinem Garten haben und die ich auch bei offiziellen Pflanzungen wie im Erfurter egapark immer wieder gerne verwende.

► Aster 'Snowflurry'

Aster ericoides 'Snowflurry' – Teppich-Myrten-Aster

Der ein oder andere Gast hat sie fast mit einer teppichbildenden Konifere in meinem Garten verwechselt. Der Austrieb der Teppich-Myrten-Aster ist nicht spektakulär, jedoch wird sie im Verlauf der Vegetation immer ansehnlicher, zeigt keine Schwächen und übersteht problemlos kurze Trockenperioden. Wenn sie im Herbst blütenübersäte weiße Teppiche bildet, erregt diese Staude die Aufmerksamkeit jedes Besuchers.

Ich empfehle sie vor allem als Kübelpflanze oder zur Bepflanzung von Böschungen, da dann erst ihre Neigung zum überhängenden Wuchs richtig ausgeschöpft werden kann. Rechtzeitiger Rückschnitt im Frühjahr, verbunden mit einer Düngung und nur bei großer Trockenheit gelegentliches Wässern, sind die wenigen Pflegemaßnahmen und garantieren lang anhaltende Asternfreuden.

► Astrantia major 'Sunningdale Variegated'

Astrantia major 'Sunningdale Variegated' – Panaschierte Sterndolde

Im Gegensatz zu vielen englischen Gartenfreunden bin ich kein ausgesprochener Fan von panaschierten Pflanzen. Ich setze aber einige davon gezielt ein, um gerade schattige Gartenecken aufzuhellen. Das gelbgrüne Laub dieser Sterndolde ist ein Hingucker und wird nach meinen Beobachtungen nicht so stark von Pilzkrankheiten heimgesucht, wie das vieler anderen Sterndolden. Diese müssen bei Pilzbefall nach der Blüte komplett zurückgeschnitten werden, um neues krankheitsfreies Laub zu bilden.

Meine 'Sunningdale Variegated' steht ohne Teilung schon zehn Jahre in voller Schönheit im Halbschatten. Bei vermindertem Wachstum allerdings sollte man eine Teilung im Auge behalten. Eine Düngung mit Hornspänen im Frühjahr garantiert eine gute Laubentwicklung, die neben der ansehnlichen Blüte mein Hauptanliegen ist.

► Baptisia australis

Baptisia australis – Färberhülse

Schon bei meiner ersten Begegnung mit dieser Pflanze, die im Garten der Bildungsstätte des Deutschen Gartenbaus in Grünberg stattfand, habe ich die Färberhülse in mein Gärtnerherz geschlossen. Das blaugrüne schöne Laub, das während der ganzen Saison Akzente setzt, und die wundervolle, tiefblaue Blüte, machen diese Pflanze besonders wertvoll. Baptisien werden mittlerweile als Hybriden auch in anderen Farbtönen angeboten. Das Blau hat sich bei mir allerdings am nachhaltigsten eingeprägt.

Die schweren Samenhülsen drohen die Pflanzen auseinanderdriften zu lassen. Deshalb entferne ich sie bald nach der Blüte. Wer Samen ernten möchte, lässt einige kräftige Stiele der Pflanze stehen und sorgt so für Nachkommenschaft. Es ist sicherlich keine Pflanze, die durch ihr Auftreten mit den schönen blauen Blüten dem Rittersporn Konkurrenz machen kann. Da dieser aber nicht ohne Probleme im Garten unterwegs ist, kann die Färberhülse als ergänzender Blaulieferant punkten.

Cimicifuga simplex 'Brunette' – Dunkle Oktober-Silberkerze

Es ist eine Silberkerze, die durch das dunkle schön geschnittene Laub schon nach dem Austrieb sehr zierend wirkt. Kombiniert mit den filigranen Blütenrispen der Waldschmiele sind die rosa überhauchten weißen Blüten von 'Brunette' unschlagbar. Während meine weiß blühende Lanzen-Silberkerze, die sich kathedralenhaft aufbaut, durch Sämlinge im Garten herumschwirrt – was ich hier und da zulasse – bleibt 'Brunette' artig am Platz und behauptet ihren halbschattigen Standort.

Für mich ist die aus Ostasien stammende Staude wegen ihrer schönen Struktur, dem dunkelrot gefärbten Blattschmuck und der späten ansehnlichen Blüte im Oktober eine Pflanze, der in jedem Garten mit halbschattigem Standort ein Platz reserviert werden sollte. Übrigens kann man auch den Samenständen eine schmückende Wirkung nicht absprechen.

► Cimicifuga simplex 'Brunette'

Clematis recta 'Purpurea' – Aufrechte Waldrebe

Vom Sissinghurst-Garten habe ich mir bei der Verwendung von Clematis und Staudenclematis einiges abgeguckt. Das punktuelle Einstreuen von Clematis mit Rankhilfen, die selbst schon dekorativ wirken, in Staudenpflanzungen erzeugen spannende Gestaltungselemente und lockern wohltuend auf. Clematis recta 'Purpurea' ist eine Staudenclematis, die früh mit auffälligem Blattwerk austreibt. Mit ihren vielen kleinen weißen und duftenden Blüten erreicht sie eine Höhe von ca. 150 cm. Das rechtzeitige Anbringen von Rankhilfen ist notwendig, da die Triebe sonst leicht umfallen und dabei brechen können. Auf Wunsch können unauffällig gesteckte Zweige als Stützen die aufwendigeren Rankhilfen ersetzen.

Wenngleich die intensive Färbung der Blätter im Sommer nachlässt – von Mai bis Juni/Juli zur Blütezeit möchte ich sie nicht mehr missen. Ein rechtzeitiger Rückschnitt des Verblühten sorgt übrigens für einen Nachflor, auch wenn dieser bescheidener ausfällt.

▸ Clematis recta 'Purpurea' im Austrieb

▸ Dictamnus albus

Dictamnus albus – Diptam

Der ideale Standort für den Diptam ist der halbschattige bis sonnige Gehölzrand. So ist mir der Diptam auch am Naturstandort in Thüringen begegnet. Man sollte den Diptam immer in Gruppen verwenden, weil er dann wirkungsvoller ist. Wo es ihm gefällt und auf Bodenbearbeitung, wie Hacken verzichtet wird, verbreitet er sich durch Selbstaussaat. Ansonsten ist er standorttreu und kann über Jahrzehnte Blühfreude schenken.

An sehr warmen Tagen ist Vorsicht geboten, wenn Pflegearbeiten durchgeführt werden, da bei Gartenfreunden mit Allergieproblemen Hautverbrennungen auftreten können. Dass man mit einem Streichholz die ätherischen Öle des Diptams entzünden kann (darum eigentlich der Name „Brennender Busch"), habe ich übrigens vergebens ausprobiert und halte es für eine Mär.

Epimedium pinnatum supsp. colchicum – Elfenblume aus Westgeorgien und dem Nordosten der Türkei

Diese wenig bekannte Elfenblume hat mich schon mehr als 30 Jahre begleitet und sich auch an ungünstigen Standorten durchgesetzt. In die volle Sonne würde ich sie nicht pflanzen, wobei sie sonnentoleranter zu sein scheint als ihre Artgenossen. In den Gärten findet man diese robuste Elfenblume eher selten, obwohl sie nur Vorzüge aufzuweisen hat. Nach zeitigem Rückschnitt im März mit der Heckenschere, ja sogar dem Rasenmäher erscheinen die zarten gelben Blütenstiele und darauffolgend das wintergrüne, rundliche Laub. Diese wüchsige Elfenblume hat es verdient, stärkeren Eingang in die Gärten und Grünanlagen zu finden, da sie über eine hohe Standortanpassung verfügt und neben Zuverlässigkeit auch Pflanzenschönheit verkörpert.

▸ Epimedium pinnatum supsp. colchicum

▸ Eupatorium fistulosum 'Glutball'

Eupatorium fistulosum 'Glutball' – Dost

Mit dieser imposanten Solitärstaude habe ich mich erst spät angefreundet – seitdem ist sie allerdings aus meinem Garten nicht mehr wegzudenken. Auf den Geschmack gebracht hat mich wohl auch der holländische Gartenarchitekt und Pflanzenkenner Piet Oudolf, da er in vielen seiner Pflanzungen dem Dost eine Hauptrolle zuordnete. Seine Staudenpflanzungen, die vom Wisley Garden in guter Erinnerung sind, waren prägend für mich. In der Nachbarschaft von Gräsern und Wildstauden hat die spät austreibende und von den Bienen geliebte Staude einen festen Platz in meinem Garten. Der Dost ist strukturstabil und von Juni bis in den Spätherbst hinein eine Bereicherung der Staudenrabatten. Den Tipp, Ende November alle Blätter zu entfernen, befolge ich und freue mich besonders bei Raureif oder Schnee über die standhafte, ausdrucksstarke Struktur der verbliebenen Stängel.

Euphorbia amygdaloides ssp. robbiae – Balkan-Wolfsmilch

Vor langer Zeit habe ich bereits versucht, diese lang blühende Staude mit den auffälligen Blattrosetten anzusiedeln. Das ist mir jedoch erst in den vergangenen Jahren gelungen. Offensichtlich haben stärkere Fröste vorher etwas dagegen gehabt. Fallen die Temperaturen unter - 10 °C, leidet das immergrüne Blattwerk – besonders wenn sich die Stauden noch nicht richtig etabliert haben. Deshalb lege ich Vliesbahnen bereit, um bei Temperaturstürzen Blattschäden zu verhindern.

In halbschattiger Lage als Gehölzvorpflanzung kann ich die gelbgrün blühende Staude nur empfehlen, wenn die Ausläufer nicht als störend empfunden werden. Werden die Blütenstiele der Euphorbien unansehnlich, schneide ich sie bis dicht über die Blattrosetten zurück.

▸ Euphorbia amygdaloides ssp. robbiae

▸ Gillenia trifoliata

Gillenia trifoliata – Dreiblattspiere

Das war für mich eine Staude zum Verlieben, allerdings erst auf den zweiten Blick. Diese langsam wachsende Staude mit den dreigeteilten Blättern und den zahlreichen weißen Sternblüten mit rotem Schaft lockert Staudenpflanzungen wohltuend auf. Auch nach der Blüte im Sommer ist das Blattwerk noch ansehnlich und geht mit eindrucksvoller Herbstfärbung einem weiteren Höhepunkt im Gartenjahr entgegen.

In frischen humusreichen Böden und in sonniger bis halbschattiger Lage ist die Dreiblattspiere ein Allrounder im Staudenbeet und ein guter Nachbar für sehr viele Stauden. Wer diese interessante Pflanze mit Wildstaudencharakter in seinen Garten holt, kann nur beglückwünscht werden, denn sie kann viele Jahre für Gartenfreude sorgen. Ich habe genau hingesehen, aber Fehler konnte ich an dieser Staude nicht entdecken.

Hosta-Hybriden – Funkien

Wie man im Theater nach einer gelungenen Vorstellung nicht mehr aufhören möchte zu applaudieren, so gebührt im Garten auch den Hosta begeisterter Beifall. Es ist wohl eine der Gattungen, die in den vergangenen Jahren am meisten vom Züchterfleiß profitiert haben, und die Hauptverantwortliche dafür, dass Schattenplätze im Garten so stark an Attraktivität gewonnen haben. Es ist sehr schwer, sich für eine Sorte zu entscheiden. Ich jage nicht mehr den spektakulären Neuheiten hinterher, die alljährlich auf den Staudenmarkt drängen. Meine Lieblingshosta habe ich nach langjähriger Prüfung aus älteren, bewährten Sortimenten herausgefiltert. Ich stelle hier nur drei Sorten stellvertretend für viele andere vor, die ich besonders in den Gärten eingesetzt habe.

▸ Hosta-Vielfalt im Schattengarten

▸ Hosta 'June'

Hosta-Hybride 'June'

Eine absolute Augenweide ist diese Hosta, vor allem nach dem Austrieb. Die Farbkomposition der Blätter ist einfach nur schön und im Topf am schattigen Hauseingang täglich zu bewundern. Für mich ist 'June' ein Meilenstein in der Hosta-Züchtung. Sicherlich gibt es mittlerweile spektakulärere Sorten. Jedoch ist diese wüchsige mittelgroße und farblich einzigartige Hosta nach wie vor eine Klasse für sich.

Hosta-Hybride 'El Nino'

Mit den blauweißen Blättern ist 'El Nino' wie alle blauweißen Hosta besonders auffällig in Schattenlagen. Es ist eine kleinere Hosta mit guter Substanz (Festigkeit der Blätter), die das farbintensive Blattwerk im Herbst – zumindest bei meinem Hosta-Bestand – 14 Tage länger behält, während die anderen Hosta bereits mitten in der Herbstfärbung sind.

▸ Hosta 'El Nino'

Hosta-Hybride 'Krossa Regal'

Ob in Einzelstellung oder in Gruppen gepflanzt, auf ihre Wirkung kann man sich verlassen. Mit den großen blaugrauen leicht gewellten Blättern punktet diese unverwechselbare Hosta und ist leicht im großen Heer der Hosta auszumachen, ohne dass man umfangreiche Sortenkenntnisse besitzt. Schwächen kennt 'Krossa Regal' keine, wenn sie standortgerecht im lichten Halbschatten gepflanzt wurde.

▸ Hosta 'Krossa Regal'

Knautia macedonica – Witwenblume

Im naturhaften Garten ist diese unverwüstliche, lange und reich blühende Staude mit den roten Blütenköpfchen eine ganz wichtige Partnerpflanze. Die trockenheitsverträgliche Pflanze liebt sonnige Standorte und zieht Schmetterlinge magisch an. Nach dem ersten Blütenflor bringt ein leichter Rückschnitt neuen Blütenschwung. Auch die Samenstände scheinen sehr begehrt zu sein. Freunde, bei denen ich die Witwenblume gepflanzt habe, berichteten von Grünfinken, die förmlich über die Samen hergefallen sind.

▸ Knautia macedonica

► Nepeta x fassenii 'Walkers Low' besticht mit lilafarbenem Blütenreichtum.

Nepeta x fassenii 'Walkers Low' – Katzenminze

Aufmerksam wurde ich auf diese reich blühende und großblütige Sorte auf einer Landesgartenschau. Dort blühte sie – mit Allium 'Globemaster' durchsetzt – in einer Farbintensität, die ich von anderen Katzenminzen bisher nicht kannte. In meinem Garten sorgt 'Walkers Low' im Juni für Farbspektakel, wenn sie gemeinsam mit dem Frauenmantel in rhythmischer Anordnung Blütenzauber entfacht.

Über den Rückschnitt nach dem ersten Flor ist man sich nicht ganz einig. Während einige Gärtner einen kompletten Rückschnitt wie beim Frauenmantel empfehlen, schneide ich sie nur bis zu 50 % zurück. Dann blühen sie bald weiter aus den Nebentrieben bis in den Herbst hinein. Eine zweite Düngung nach dem Rückschnitt ist hier begleitend wie bei allen remontierenden Stauden von Vorteil.

Da die Sorte steril ist, sind keine Sämlingsschwemmen zu befürchten, wie man es ab und an bei der herkömmlichen Art in Grünanlagen sieht. Ihren Namen trägt die Katzenminze übrigens zu Recht: In der Austriebphase habe ich manchmal Probleme mit Nachbars Samtpfoten, die sich wohlig in den Pflanzen wälzen. Eine Gießkanne mit Dünger sorgt dafür, dass die betroffenen Stellen sich in wenigen Wochen wieder auswachsen.

▸ Paeonia 'Bartzella'

Paeonia 'Bartzella' – Pfingstrose

Vor 25 Jahren stand ich staunend in der Staudengärtnerei Klose in Lohfelden bei Kassel vor einer Pflanzreihe, der intersektionellen Hybride 'Bartzella', die zu dem Zeitpunkt noch ziemlich unbekannt war. Eine solche Pfingstrose hatte ich bisher noch nicht gesehen. Das gesunde, schon im Austrieb attraktive, rötlich gefärbte Laub, das später vergrünt, und vor allem die großen gelben Blüten waren ungewöhnlich. Die Pflanze ist standfest und kippt trotz der Blütenschwere nicht um. Ein weiterer Vorteil: Das Laub ist nach der Blüte bis in den Herbst hinein noch ansehnlich und bleibt von Pilzkrankheiten verschont. Zur Blütezeit ist der tägliche Gang zu meiner 'Bartzella' im Garten fest eingeplant. Wie bei allen Pfingstrosen ist vollsonnige Lage und nahrhafter tiefgründiger Boden notwendig, damit die langlebige Staude ihr Potenzial voll ausschöpfen kann.

Paeonia 'Coral Charme' – Pfingstrose

Die auffällige Blütenfarbe der bereits 1964 gezüchteten Staudenpfingstrose ist Lachsrosa und sie ist auch nach so vielen Jahren noch eine begehrenswerte Sorte. Im Verblühen ist sie cremefarben, büßt aber in ihrer Attraktivität nichts ein. Stützen aus Zweigen sind sinnvoll, weil die großen Blütenstängel umzukippen drohen.

▸ Paeonia 'Coral Charme'

Polygonum amplexicaule 'Album' – Kerzenknöterich

Der Kerzenknöterich ist ein Tausendsassa im Staudengarten, da er sehr vielseitig einsetzbar ist. Auch die lange Blütezeit vom Sommer bis tief in den Herbst hinein macht diese ca. 100 cm hohe, filigran blühende Staude so wertvoll. Zu Gräsern, die im Spätsommer zu Höchstform auflaufen, macht sie immer eine gute Figur. Die weiß blühende Variante hat es mir besonders angetan, da es einfach gut anzuschauen ist, wenn sie in andere Stauden „hineintanzt". Von Sonne bis Halbschatten fühlt der Kerzenknöterich sich wohl und stellt keine besonderen Ansprüche an die Bodenverhältnisse. Er ist zudem eine insektenfreundliche Pflanze und auch als Vasenschnitt gut verwendbar.

▸ Polygonum amplexicaule

Rodgersia pinnata – Fiederblättriges Schaublatt

Rodgersien sind imposante Blattschmuckpflanzen, die erst mal eingewachsen bei zusagendem Standort (halbschattig mit humosem Gartenboden) wuchtige Akzente setzen können. Sie sind sehr langlebig, wenn alljährlich im Frühjahr eine Kompostgabe verabreicht oder guter Gartenboden aufgefüllt wird. Mit Spätfrösten haben sie Probleme, sodass sich ein Schutz in Frostnächten im Frühjahr, nach dem Austrieb, lohnt. Direkte Sonneneinstrahlung vertragen sie nur in wenigen Vormittagsstunden. Sommerliche Nachmittagssonne verursacht Blattschäden und die Schönheit der Pflanze leidet enorm. Auf die Blüte freue ich mich, da sie etwas Besonderes ist und sich von anderen Stauden abhebt.

▸ Rodgersia pinnata

► Sanguisorba tenuifolia 'Albiflora'

Sanguisorba tenuifolia 'Albiflora' – Wiesenknopf

Dieser Wiesenknopf mit seinen gefiederten Blättern ist für mich wichtig als Strukturpflanze. Bevor sie ihre Blütenstängel schiebt, mag ich sie besonders. Die dann erscheinenden weißen hängenden Blüten spielen gern mit Licht und Wind und können bis 180 cm hoch werden. Da sie nicht ganz standfest sind, können auch hier Zweige als Stütze empfohlen werden. In Wassernähe, aber nicht im Wasser, entfaltet der Wiesenknopf seine volle Schönheit. Ein Rückschnitt nach der Blüte fördert den Neuaustrieb.

Thalictrum Hybride 'Elin' – Große Wiesenraute

▸ Links neben dem Rittersporn blüht Thalictrum Hybride 'Elin'.

Zum ersten Mal sah ich 2008 in einem englischen Garten im Juli eine Gruppe Pflanzen der Großen Wiesenraute – und war tief beeindruckt. Mehr als 200 cm hoch bauten sich die Blütentürme mit dem typischen blaugrauen Laub und den im Kontrast stehenden dunklen Stängeln vor mir auf. Die Standfestigkeit überraschte mich bei dieser Höhe und sofort war der Wunsch geweckt, diese Pflanze selbst zu besitzen. Ich empfehle eine Gruppe von mindestens drei Stück zu pflanzen, damit diese wunderbare Pflanze zum Hauptdarsteller im Staudenbeet werden kann.

▸ Veronicastrum virginicum 'Diana'

Veronicastrum virginicum 'Diana' – Kandelaber Ehrenpreis

Es ist eine Staude, die das vertikale Element im Garten betont und gut in den Reigen der Stauden mit außergewöhnlichem Habitus passt. Diese Pflanze steht kompakt und ist gerade in der weißen Form ein vielseitiger Partner im Staudenbeet. Ähnlich wie bei der Lanzen-Silberkerze baut sich der Kandelaber Ehrenpreis 'Diana' kathedralenhaft auf und ist mit einer Höhe von ca. 120 cm eine der niedrigeren Sorten. Auch diese Staude zählt zu den insektenfreundlichen Pflanzen. Ich möchte sie im Garten nicht mehr missen!

► Teppich-Japan-Segge

► Lockerährige Segge

► Winterlinge

► Mittelmeer-Wolfsmilch

► Balkan-Wolfsmilch

► Lenzrosenblätter

► Palmlilie

► Steppenwolfsmilch

▸ Küchensalbei

FEBRUAR

Ein Fest für die immergrünen Stauden

Kapitel 3

AUSGEWÄHLTE STAUDEN FÜR SCHATTIGE STANDORTE

AUSGEWÄHLTE STAUDEN FÜR SCHATTIGE STANDORTE

Schattenplätze und Schattengärten müssen keine „Aschenbrödelplätze" oder Problemecken sein. Ganz im Gegenteil! Das zu verwendende Sortiment ist zwar nicht so groß wie in Sonnenlagen, aber immer noch sehr abwechslungsreich, um kurzweilige und überzeugende Pflanzungen zu planen. Ich habe ganz bewusst das Wort „planen" gewählt, denn es empfiehlt sich hier tiefer in die Staudenwelt einzudringen, den Standort genau unter die Lupe zu nehmen, das Substrat zu verbessern sowie Pflanzen und Pflanzennachbarschaften gezielt auszuwählen.

Viele der im Folgenden vorgestellten Stauden sind sehr langlebig und können den Pflanzer überleben. Von den Hosta wurde beispielsweise von 200 Jahre alten Exemplaren im belgischen Arboretum Kalmhout berichtet. Deshalb ist besondere Sorgfalt vor und nach der Pflanzung erforderlich. Aber nicht nur Hosta sind sehr ausdauernd. Auch Rodgersien, Epimedien, Farne und Schattengräser halten gut mit und belohnen uns für den Aufwand, den wir pflanzvorbereitend in Kauf nehmen müssen.

Am einfachsten ist der lichte Schatten zu bedienen. Hier wachsen viele Stauden, die ohne bzw. mit wenig Wurzeldruck von Bäumen konfrontiert werden. Im dumpfen Schatten, z. B. unter Kastanien, sind dagegen nicht nur der Wurzeldruck, sondern auch die Lichtverhältnisse begrenzende Faktoren für eine erfolgreiche Pflanzung.

Einige Stauden sind allerdings hart im Nehmen und kommen mit Wurzeldruck sehr gut zurecht. Selbst bis an Baumstämme dringen sie vor und etablieren sich dort lange. Voraussetzungen dafür sind allerdings einige spezielle Pflegegänge, die dauerhaft gut aussehende Pflanzungen ermöglichen. So verwöhne ich meine Schattenstauden im Frühjahr, in dem ich guten Gartenboden, Kompost oder humoses Substrat zwischen den Pflanzen ausbringe und gleichzeitig Hornspäne einarbeite. Auch Kaffeesatz kommt zum Einsatz, der sich bei Blattschmuckstauden bei mir bestens bewährt hat. In Trockenphasen wird ab und zu durchdringend gewässert.

► Mein Schattengarten hat es geschafft, auf Anhieb alle Besucher in seinen Bann zu ziehen. Nicht nur bei sommerlicher Hitze zieht man sich dorthin gern zurück. Und dann noch eins: Bei eingewachsenen Schattenpflanzungen kommt man mit einem Minimum an Pflege aus, vor allem wenn geschlossene Pflanzenbestände gebildet wurden und der Erdboden schier verschluckt zu sein scheint.

Anemone nemorosa – Buschwindröschen

Sie spielen im Schattengarten sicher nur eine Nebenrolle, trumpfen aber im Frühjahr richtig auf. Blütenweiße Teppiche haben mich vor allem bei meinen Frühjahrsbesuchen in Schweden überzeugt. Auch in Deutschland pilgern viele Naturfreunde im Frühjahr in die Wälder. Die unvergleichliche Blüte der Buschwindröschen, der man sich gern hingibt, scheint von der Tatsache abzulenken, dass es den Wäldern bedingt durch die jahrelange Trockenheit nicht gut geht. Für den Garten kann diese Staude eine wichtige Rolle bei der Unterpflanzung von Gehölzen spielen.

Als Frühlingsgeophyten ziehen sich die Buschwindröschen bald zurück und hinterlassen die Vorfreude auf den nächsten Flor. Sorten bereichern den Blütenreigen, wie die hellblau blühenden Exemplare in meinem Garten unter einem Chinesischen Blumenhartriegel.

▸ Anemonen gehören zu den Frühjahrsblühern, die den Schattengarten beleben.

▸ Im lichten Schatten fühlt sich die Waldaster wohl.

Aster divaricatus – Waldaster

Das traut man der weiß blühenden Waldaster nicht zu: Sie bietet sich an für lichten Schatten, ist trockenheitsverträglich und kann mit Wurzeldruck gut umgehen. Als wertvolle Staude in Gehölzpartien ist sie unschlagbar und leider noch viel zu selten in den Gärten zu sehen. Je nach Standort erscheinen die weißen Blüten von Juli/August bis September/Oktober, während die fedrigen Samenstände bis in den Winter hinein eine Zierde sind. Diese Aster wird bis 70 cm hoch und zählt aufgrund der späten Blüte zu den wertvollen insektenfreundlichen Pflanzen in dieser Jahreszeit. In Gruppen gepflanzt ist die Wirkung größer als in Einzelstellung.

Astilboides – Tafelblatt

Ob im Gehölzgarten, am Teichufer oder in der Schattenrabatte – diese Blattschmuckstaude ist ein Hingucker. Mit runden Blättern bis 70 cm Durchmesser und mittigem Stielansatz bildet das Tafelblatt imposante Blattbüsche, die ihre Wirkung nicht verfehlen und fast tropischen Charakter annehmen. Weit über dem Laub werden im Juli weiße Blütenrispen entwickelt.

In den ersten Pflanzjahren hat das Tafelblatt eher ein bescheidenes Auftreten. Wer jedoch die notwendige Geduld mitbringt, wird ab dem dritten Standjahr mit großen hellgrünen, rundlichen, unregelmäßig gelappten Blättern belohnt. Voraussetzung für eine optimale Entwicklung sind kühle, feuchte und humusreiche Böden im Halbschatten. Bekommt das Tafelblatt zu viel Sonne, kommt es zu Blattverbrennungen. Da die Pflanzen viel Blattmasse entwickeln, sollte man mit Wasser und Nährstoffen nicht geizen. Vorsicht ist bei Spätfrösten geboten, da der Erstaustrieb leicht Schaden nehmen kann.

▸ Die Blüten des Tafelblattes sind eher unscheinbar neben den riesigen grünen Blättern.

▸ Für mich ist die weiße Sterndolde die schönste. Dieses Exemplar hat mir eine Engländerin ausgegraben.

Astrantia – Sterndolde

Die Sterndolden sind in Halbschattenpartien liebenswerte Geschöpfe, die mit einem handförmig geteilten Blattwerk und zahlreichen Blütendolden überzeugen. Als haltbare Schnittblumen bereichern sie jeden Staudenstrauß.

Leider können sich Pilzinfektionen im Laufe des Sommers einstellen, die Blattschäden hinterlassen. Sollten bereits vor der Blüte kranke Blätter erscheinen, entferne ich diese sofort. Ein kompletter Rückschnitt nach dem ersten Flor sollte in jedem Fall erfolgen, da die Pflanze sich dann regeneriert und neue Blätter und Blüten bildet. Außerdem wird ein übermäßiges Aussamen verhindert, was durchaus lästig werden kann.

Auf einer meiner ersten Gartenreisen nach England bat ich die Besitzerin eines traumhaften Gartens um ein Teilstück einer weiß blühenden großblumigen Sorte. Während die anderen Reiseteilnehmer sich bereits über Kaffee und Kuchen hermachten, bekam ich mithilfe einer Grabegabel das begehrte Teilstück. Diese Pflanze sorgt immer noch für Blütenfreude in meinem Garten und weckt Erinnerungen.

Bergenia – Bergenien

Bergenien lassen sich sehr vielseitig verwenden. In Kombination mit Schattengräsern wie Carex 'Icedance' oder dem Japan-Waldgras, 'Hakonechloa', geben sie das ideale Bild von „Harfe und Pauke“ ab. Die Züchtung hat auch vor den Bergenien keinen Halt gemacht und so sind eine Vielzahl neuer Sorten entstanden, deren Blüte sich durchaus sehen lassen kann. Viel wichtiger jedoch: Es sind ausgesprochene Laubschönheiten. Denn der Hauptschmuck der Bergenien sind eindeutig die immergrünen Blätter, die sich bei einigen Sorten im Herbst von Bronzefarben bis Glutrot färben.

Die Kultur ist denkbar einfach. Im lichten Schatten gedeihen sie am besten. Selbst im trockenen Schatten lassen sie sich verwenden. In Kiesbeeten vertragen sie volle Sonne. Aufmerksam sollte man werden, wenn man Ausbuchtungen an den Blatträndern bemerkt – das deutet auf einen Befall mit dem Dickmaulrüssler hin, dem die Bergenienblätter leider gut zu munden scheinen.

Abhilfe schafft ein Nematodeneinsatz. Die Blüten sind zuweilen spätfrostgefährdet, haben aber gutes Schnittblumenpotenzial.

► Eine harmonische Kombination bilden die kräftigen Blätter der Bergenien (vorne) mit dem eleganten Salomonssiegel.

Empfehlen möchte ich folgende Sorten:

- '**Admiral**': leuchtend purpurrosa Blüten mit dunklen Blütenstängeln; die Blätter brillieren mit einer intensiven Rotfärbung im Herbst/Winter.
- '**Monte Rosa**': glänzendes Laub sowie braunrote Winterfärbung und riesige Blüten.
- '**Oeschberg**': robustes, im Winter rotbraunes Laub und besonders gute Winterhärte; frischrosa und gut verzweigte Blüten.
- '**Schneekönigin**': gezüchtet von Karl Foerster; apfelrosa Blüten und besonders schönes Laub.

Begonia – Begonie

▸ Schon eher eine seltene Erscheinung im Schattengarten: Begonia grandis ssp. evansiana

Pflanzengeschenke behandelt man stets mit besonderer Sorgfalt. Es könnte ja sein, dass der Geschenkgeber bei einem späteren Besuch das Wohlergehen der Pflanze begutachten möchte. Entsprechend kümmerte ich mich aufmerksam um die rosa blühende Begonia grandis ssp. evansiana, die ich als Mitbringsel im Frühsommer pflanzte und die sich prächtig entwickelte. Dann kam der Winter und da ich wusste, dass sie schutzbedürftig ist, gönnte ich der Pflanze eine Laubschütte. Nach dem Wegräumen des Schutzmaterials im April war jedoch nichts mehr von einer Begonie zu entdecken und ich war nahe dran, das Begonien-Experiment aufzugeben. Doch Mitte Mai erschienen zarte rote Triebe, die ab Juni richtig loslegten und vom Juli bis in den Herbst wieder in alter Schönheit blühten. Für frischen humosen Boden im Halbschatten kann ich diese wertvollen Begonien nur empfehlen. Vom späten Austrieb sollte man sich nicht irritieren lassen.

Cimicifuga – Silberkerze

Mit Recht kann man die langlebigen Silberkerzen zu den Blattschmuckstauden zählen. Zu dem schönen grünen Laub haben sich mittlerweile Sorten mit rötlichem bzw. schwarzrotem Laub gesellt. Aber auch die weißen, lange blühenden und sehr auffälligen Blütentürme sind eine Zierde. Im sommerlichen und spätsommerlichen Garten sind die Silberkerzen im lichten Halbschatten ganz wichtige Akteure. Die September-Silberkerze **Cimicifuga ramosa 'Atropurpurea'** kommt mit braunroten Blättern daher, die im Verlauf der Vegetationsperiode leicht vergrünen. Ihr verzweigter leicht überhängender Blütenstand verströmt einen intensiven Duft und wird z. B. neben Herbstanemonen zum idealen Nachbarn. Im Juli/August bildet **Cimicifuga ramosa var. cordifolia** kathedralenhaft aufgebaute, 30 – 60 cm lange weiße Blütenrispen aus. Die auch als Lanzen-Silberkerze bekannte Staude hat handförmige Einzelblätter mit herzförmig zugespitzten Lappen und relativ dunklen Trieben. Sie sät sich gern aus, wird dabei jedoch nicht lästig. Viele Sämlinge davon sind aus meinem Garten schon in andere Gärten gewandert.

▸ Cimicifuga ramosa var. cordifolia

Digitalis – Fingerhut

Die Fingerhüte haben es in der Rangliste der Gartenpflanzen ziemlich weit nach oben geschafft. In den Gartenmärkten sorgen sie mit ihren Blütentürmen für Aufsehen und wecken Kaufwünsche. Ihre Standortamplitude ist groß und bewegt sich zwischen Halbschatten und Sonne. Als Rosenbegleitpflanze konnte ich sie in England bewundern.

Es sind kurzlebige Pflanzen, die sich aber im Garten zuverlässig durch Aussaat halten, wenn die Bodenbearbeitung auf das Jäten reduziert wird. Die Sämlinge blühen zwar nicht mehr so üppig, wie die ausstellungsreifen Kaufexemplare, sind aber aus meinem Garten nicht mehr wegzudenken. In humusreichen Böden fühlen sie sich sehr wohl. Als zweijährige Pflanze bilden sich nach der Aussaat erst Blattrosetten, die im darauffolgenden Jahr blühen.

Zu empfehlen ist unter anderem **Digitalis purpurea 'Excelsior'**, die sehr großblütig ist und in den Farben Weiß bis Rot blüht. **Digitalis purpurea 'Snow Thimble'** punktet als reinweiße Sorte, die ich gern zum Auflockern von Schattenpflanzungen einsetze.

▸ Durch Versamen breitet sich der Fingerhut wohltuend im Garten aus.

▸ Die Epimedium-Sorte 'Frohnleiten' hat eine schöne Blüte und glänzt im Winterhalbjahr mit ihrer tollen Blattzeichnung.

Epimedium – Elfenblume

Hinter dem zart klingenden Namen Elfenblume verbergen sich robuste Schattenpflanzen, die mit Wurzeldruck gut umgehen können und als wintergrüne Bodenbegrüner eigentlich nur Freude bereiten. Entsprechend sind sie für den Schattenbereich ganz wichtige Blattschmuckstauden. Die schönen Blüten sind zudem ein toller Vasenschmuck.

Anfang März sollten alle Elfenblumen stark zurückgeschnitten werden, damit sich die Blüten gut sichtbar entwickeln können. Wer den Rückschnitt verpasst – und das sieht man des Öfteren – bringt sich um den schönen Flor, da sich die Blüten im alten Flor verstecken. Außerdem mindert die Kombination von altem und neuem Laub den Zierwert der Pflanze. Für den Rückschnitt haben sich Heckenscheren bewährt.

Gut zu wissen ist, dass bei Epimedien die Sortenwahl von großer Bedeutung ist, da einige neue Sorten wortwörtlich Elfen sind und mehr Aufmerksamkeit in der Pflege durch ihre zum Teil spektakulären Blüten erfordern. Ich kann Ihnen folgende Sorten ans Herz legen:

E. perralchicum 'Frohnleiten': Die vor der Laubentwicklung gelb blühende Sorte hat eine interessante Blattzeichnung, die sich im Laufe der Vegetationsperiode noch steigert und dann im winterlichen Garten brilliert. In etwas sonnigeren Lagen wird die Laubfärbung noch intensiver wahrgenommen.

Die robuste hellorange blühende Sorte **E. warleyense 'Orangekönigin'** kann ebenfalls als wintergrüne Sorte mit prachtvollen Blüten empfohlen werden.

▸ Euphorbia amygdaloides ssp. robbiae

▸ Euphorbia griffithii 'Fireglow'

Euphorbia – Wolfsmilch

Die meisten Euphorbien sind Sonnenkinder. Als Gartenpflanzen haben sie in den vergangenen Jahrzehnten einen steilen Aufstieg erlebt. Ich sehe immer noch die Beete mit der nationalen Sammlung von Euphorbien im Botanischen Garten Oxford vor mir, in denen mich die Vielfalt dieser schönen Strukturpflanze begeistert hat.

Vor dem weißen Milchsaft der Euphorbien sollte man sich in Acht nehmen, da dieser zu Hautproblemen führen kann. Also bei Pflege- und Schnittmaßnahmen bitte Handschuhe tragen. Für halbschattige Lagen gibt es unter den Euphorbien einige Spezialisten:

E. amygdaloides ssp. robbiae ist für mich die wertvollste Art für den schattigen Gehölzrand.

E. griffithii 'Fireglow' ist mit den ca. 80 cm hohen, orangeroten Hochblättern sehr auffällig. Die Ausläufer bildende Pflanze sollte mit einer Rhizomensperre gebremst werden. Zudem habe ich Pilzkrankheiten ab dem Spätsommer festgestellt, sodass Triebe vertrocknen, die dann entfernt werden müssen. Verzichten sollte man trotzdem nicht auf diese interessante Pflanze.

E. palustris – ich war beinahe erschrocken, als sich in meinem Garten aus einer unscheinbaren kleinen Pflanze ein „Riese“ entwickelte und angrenzende Stauden keine Entwicklungschancen mehr hatten. Eine neue Stelle im Halbschatten, wo diese Euphorbie sich austoben kann, habe ich gefunden und freue mich über die Wuchsleistung und den typisch grüngelben Blütenschmuck.

Geranium – Storchschnabel

Die Geranien gehören zweifelsfrei zu den artenreichsten und vielseitigsten Gartenpflanzen. Für jeden Standort im Garten, außer tiefem Schatten, gibt es Sortenempfehlungen. Auch in öffentlichen Grünanlagen und Parkanlagen haben sich die pflegeleichten Stauden durchgesetzt, die oft lange am Standort verbleiben können.

G. macrorrhizum – Balkan-Storchschnabel: Wenn die Standortbedingungen zusagen, ist die „Müllschlucker"-Geranie unverwüstlich und bildet schöne grüne Teppiche, die auch im Winter etwas zu sagen haben. Ihren wenig schmeichelhaft erscheinenden Beinamen hat diese Geranie der Tatsache zu verdanken, dass sie z. B. neben Buswartehäuschen gepflanzt, den weggeworfenen Müll im Frühjahr bald überwachsen wird. Gegen Giersch allerdings kann sich diese Geranie nicht durchsetzen, wenngleich dies allgemein angenommen wird. Das hartnäckige Unkraut schafft es immer wieder, durch die Geranien hindurchzuwachsen.

Probleme hat der Balkan-Storchschnabel meinen Beobachtungen zufolge mit Nachmittagssonne in Hanglage, wo die Blätter sich gelblich grün färbten. „Verhungerten" Pflanzen begegnet man oft in Grünanlagen, da sie dort zu sonnig und zu trocken platziert wurden.

Übrigens liebe ich den aromatischen Duft der Blätter. Durch Ausläufer ist diese Staude leicht zu vermehren. Empfehlenswert ist die Sorte 'Spessart' mit weißen und in der Mitte rosafarbenen Blüten.

G. nodosum – den Bergwald-Storchschnabel kann man leicht aus dem Heer der Geranien herausfiltern. Die unverkennbaren glänzenden Blätter und die lilafarbenen Blüten fallen sofort auf.

► Schön zu kombinieren ist G. nodosum zum Beispiel mit Regenbogenfarn.

Die Pflanze ist robust und stellt keine besonderen Ansprüche an den Standort. Da diese Geranie zu üppiger Selbstaussaat neigt, ist ein Rückschnitt nach dem ersten Flor notwendig. Ich habe das Bild von mit Lenné-Schienen eingefassten Rasenbeeten vor einem Schulgebäude vor mir, wo fehlender Rückschnitt ein Ausbreiten der Pflanzen selbst auf umliegende Rasenflächen ermöglichte.

▸ Heuchera (rechts) bilden hier einen reizvollen Kontrast zu dem panaschierten Kaukasus-Vergissmeinnicht.

Heuchera – Purpurglöckchen

Erfolgreiche züchterische Arbeit hat aus dem verschlafenen Purpurglöckchen von einst eine faszinierende Blattschmuckstaude gemacht, die vielseitig im Garten eingesetzt werden kann. Als Schnittblumen halten Purpurglöckchen etwa zwei Wochen und auch die Blätter sind in Gestecken haltbar.

Ihre intensive Blattfärbung in unterschiedlichen Farbtönen macht diese Pflanze im Garten sehr präsent und erfordert ein sensibles Gespür für die Wahl ihrer Nachbarn. Empfehlenswert ist ihr Einsatz bei der Kübelbepflanzung, beispielsweise auf Terrassen, an Hauseingängen und ähnlichen Orten. Bei der Standortwahl ist darauf zu achten, dass sie im lichten Halbschatten am besten gedeiht, pralle Mittagssonne verursacht oft unschöne Blattflecken.

Bei Rückschnitt der verblühten Blütenstiele schiebt diese Staude immer wieder neue Blüten. Wird der Rückschnitt vernachlässigt, werden nur noch einige wenige Blüten gebildet. Da die Pflanzen nach oben wachsen und an der Basis verkahlen, sollte jedes Jahr im Frühjahr neues Substrat aufgefüllt werden, um ein vorzeitiges Vergreisen der schönen Stauden zu vermeiden.

Angesichts der Vielfalt an Sorten tue ich mich mit Sortenempfehlungen schwer. Lassen Sie lieber den eigenen Geschmack und die Verwendungsmöglichkeit entscheiden.

Hepatica – Leberblümchen

Es hieße „Eulen nach Athen" zu tragen, wollte man versuchen, die Vorzüge der Leberblümchen zu schildern. Sie haben mit ihren Züchtungen längst den VIP-Status erreicht und eine weltumspannende Fangemeinde gewonnen, die sich der Sammelleidenschaft hingibt. Ich wiederum begnüge mich mit bewährten Sorten von regional bekannten Züchtern und schone damit meine Geldbörse. Gartenfreunde, die dem Leberblümchenvirus hoffnungslos verfallen sind, jagen nach immer neuen spektakulären Sorten.

In meinem Schattengarten besiedeln die Hepatica oft Ecken, in denen sonst nichts wächst. Die Sämlinge breiten sich wohltuend aus, wenn man solche Plätze in Ruhe lässt. Im Laubhumus unter einer Haselnuss haben sich blau, rosa- und weiß blühende Leberblümchen in meinem Garten etabliert und ihre typischen dreilappigen Blätter künden auch im Sommer von dem Vorhandensein der Pflanzen. Als Nachbarn empfehlen sich Frühlingsgeophyten wie Anemonen sowie Farne.

► Das gefüllte weiße Leberblümchen überrascht mich im Frühjahr immer wieder mit seiner zarten Blüte.

▸ Diese imposante Hosta-Hybride zieht im Beet alle Blicke auf sich.

Hosta – Funkie

Zur absoluten Nummer eins unter den Blattschmuckstauden haben sich die Hosta entwickelt. Es ist unwahrscheinlich, dass ihnen dieser Platz so schnell wieder streitig gemacht wird, denn die Züchtung macht Jahr für Jahr große Fortschritte, die selbst eingefleischte Gartenliebhaber zum Staunen bringt.

Neben den vielen Vorzügen, die gleich kommentiert werden, haben Funkien allerdings zwei Probleme: Hagelschlag und Schnecken.

Hagelschauer: Gerade in den Monaten Mai/Juni, wenn die Blätter noch nicht ausgereift sind, können die Pflanzen regelrecht skelettiert werden. Dann hilft nur radikaler Rückschnitt.

Schnecken: Bei diesem Thema entzünden sich gerne die Gemüter am Beispiel der Hosta. Um des Problems Herr zu werden, helfen nur wirklich komplexe Maßnahmen.

Hosta können sehr alt werden und sogar den Pflanzer überleben. Das erfordert natürlich eine gute Pflege, sprich Düngung im Frühjahr einschließlich Substratverbesserung um die Pflanze und natürlich die Wahl eines zusagenden Standortes im Halbschatten. Die Blätter sind ein hervorragender Vasenschmuck und halten mindestens 14 Tage. Die Blüten sind nicht so spektakulär, aber essbar und zum Verzieren von Salaten gut geeignet.

Ich empfehle die Blütenstängel vor dem kompletten Aufblühen an der Basis abzuschneiden, da herunterfallende Blüten oft an den Blättern kleben bleiben und ihre Schmuckwirkung mindern. Die Größe der Pflanzen variiert von ca. 5 cm bis zu einem guten Meter. Hosta sind ausgezeichnete Kübelpflanzen, die z B. an schattigen Hauseingängen wunderbare Akzente setzen. Wir stellen nur eine kleine Auswahl von Sorten vor, die es aber in sich hat!

H. clausa var. normalis – es ist die einzige ausläufertreibende Hosta, die mir bekannt ist und die sich gern zwischen Schattenstauden hindurchschlängelt. Diese Eigenschaft schätze ich sehr, da die ca. 30 cm hohen Blätter kaum Probleme mit Schnecken haben und die Pflanze erst mal eingewachsen mit trockenem Boden gut zurechtkommt. Die violetten Blüten blühen kaum auf, was für mich aber keinen Makel darstellt.

H.-Hybride 'Empress Wu' – Diese Hosta setzt neue Maßstäbe und imponiert mit riesengroßen graugrünen Blättern, über denen bis zu 150 cm hoch werdende lilafarbene Blüten thronen. Ob als Solitär oder in Gruppen gepflanzt, ihre Wirkung wird diese Hosta nicht verfehlen.

H.-Hybride 'Golden Tiara' – unter den kleineren Hosta (ca. 30 cm) gehört diese Funkie mit ihren grünen herzförmigen Blättern und ihrem dicken gelben Rand zu meinen Lieblingen, die mich auch bei Gartenwechseln zuverlässig begleitet haben. Als Kübelpflanze oder in Steinnachbarschaft zeigt sie nur gute Eigenschaften.

H.-Hybride 'Sagae' – vor 20 Jahren habe ich noch 60 DM für diese ganz besondere Sorte bezahlt, die tatsächlich in keinem Schattengarten fehlen sollte. Die großblättrige Hosta mit den graugrünen Blättern und dem gelben Rand fällt sofort auf und wird zum Hauptdarsteller. Aus meiner Sicht ist diese wertvolle Sorte bis heute unübertroffen und ich kann sie nur wärmstens empfehlen.

Pachysandra – Ysander

Als immergrüner Bodendecker mit guter Struktur empfiehlt sich **P. terminalis 'Compacta'** für absonnige Flächen. Sonneneinstrahlung und zu trockener Boden verursachen Gelbfärbung der Blätter und schmälern dadurch den Hauptschmuck der sonst robusten Pflanze. Die Blüten sind eher unscheinbar, schmücken aber doch den wertvollen Bodenbegrüner. Die Sorte **'Compacta'** wird nur 15 – 20 cm hoch und bildet schöne geschlossene Blattteppiche, die ganzjährig erlebbar sind.

▸ Pachysandra blüht zwar unscheinbar, dafür ist das Laub jedoch ganzjährig erlebbar.

▸ Das Blattmuster von Podophyllum 'Spotty Dotty' fällt sofort ins Auge.

Podophyllum – Maiapfel

Der Maiapfel ist eine ausgezeichnete Blattschmuck-Waldstaude mit auffälligen Blattfärbungen und im Austrieb bronzefarbenen und später vergrünenden Blättern. Diese sind rundlich und grob gezähnt und weisen bis zu fünf Lappen an ca. 30 cm hohen Stielen auf. Unter dem Laub entwickeln sich rote, eiförmige Früchte.

Wichtig für gutes Gedeihen ist die Wahl eines halbschattigen und feuchten Standortes. Mit der Zeit werden schöne, horstige Bestände gebildet. Es lohnt sich, mehrere Pflanzen im Abstand von ca. 40 cm zu setzen, da dann eindrucksvolle Gruppen entstehen. Der Maiapfel ist ein guter Partner zu edlen Farnen.

Trotz des späten Austriebs ist diese Staude spätfrostgefährdet. Schutzmaterial sollte daher immer bereitliegen.

P. hexandrum sei hier empfohlen. Es ist eine zuverlässige Art mit rosaroten Blüten und einer guten Verzweigung.

P. 'Spotty Dotty' zeichnet sich durch besondere Blattzeichnung aus.

Polygonatum – Salomonssiegel

Das sogenannte Maiglöckchen unter dem verborgenen Dach ist aus dem Schattengarten nicht mehr wegzudenken. Die Wuchsform mit den elegant überhängenden Trieben und weißgrünen Blütenglöckchen bereichert jede Schattenpartie. Es sind anspruchslose und dauerhafte Pflanzen, die auch mit gelegentlichen Trockenperioden zurechtkommen.

P. biflorum – viele verbinden mit dieser hochwachsenden Art aus Ostamerika das eigentliche Salomonssiegel unserer Gärten.

P. odoratum var. plurifolium 'Variegatum' – ist ein wüchsiges ca. 40 cm hohes Salomonssiegel mit hellgelben Blatträndern. Die Pflanze hat sich in meinem Garten gut etabliert.

▸ P. odoratum var. plurifolium 'Variegatum' – ein schönes Salomonssiegel, das man gerne im Beet hat.

▸ Das Schaublatt wird etwa tischhoch.

Rodgersia – Schaublatt

Etwas Geduld muss man mitbringen bei den Rodgersien, da sie erst nach etwa drei Jahren Anlaufzeit so richtig loslegen. Dann allerdings wird der Gärtner reich entlohnt: Im Halbschatten, bei tiefgründigen, frischen und nährstoffreichen Gartenböden werden diese Stauden zu Blattschmuckriesen. Die dekorativen Blüten stehen von weiß bis rot über dem Laub und sind durch ihre Größe und Verzweigungen ein schöner Schmuck für die Pflanze.

Bei direkter Sonneneinstrahlung gibt es Verbrennungsschäden, vor allem in Süd- und Westlagen. Da die Rodgersien spätfrostgefährdet sind, muss außerdem dem Witterungsverlauf gebührend Beachtung geschenkt werden.

Aus den feuchten Wäldern Nordchinas kommt das kastanienblättrige Schaublatt **R. aesculifolia** zu uns. Es ist wohl die am meisten verbreitete Art.

Die **R. podophylla Sorte** '**Pagode**' ist durch den bronzefarbenen Blattaustrieb, die attraktive Herbstfärbung und den besonders schönen Blütenstand zu empfehlen.

Smilacina – Duftsiegel

Vor einigen Jahren pflanzte ich **S. racemosa**, diese schöne Waldstaude, in Gehölznachbarschaft in eine Gartenecke, die durch Vorpflanzung kaum einsehbar war. Sie geriet dadurch fast in Vergessenheit, da zunächst zu wenig Zuwachs sichtbar war und die Pflanze kaum Auffälligkeiten zeigte. Nach etwa drei bis vier Jahren änderte sich das Bild. Plötzlich blühte das Duftsiegel mit gelbweiß duftenden Blüten und leicht überhängenden Trieben auf mehr als 1 m^2 und zog die Blicke auf sich.

Wenn die Blüte auch nur von kurzer Dauer ist, missen möchte ich diese an Salomonssiegel erinnernde Gruppe mit dem viel zierlicheren Erscheinungsbild nicht mehr. Frischer humoser Boden fördert die Verbreitung der wenig bekannten Pflanze.

▸ Die elegante Gestalt von Smilacina (Bildmitte) wird gekrönt durch die luftig wirkenden weißen Blüten.

Waldsteinia – Golderdbeere

Diese Staude hat sich als Bodenbegrüner einen Spitzenplatz im Schattengarten erobert. Die auch wintergrüne **W. ternata** halte ich für die wertvollste Art, mit ihren glänzend grünen Blättern und dem gelben Blütenschmuck. Die Ausläufer dieser Golderdbeere können schon mal in Nachbarpflanzen hineinwachsen. Das geschieht aber nicht auf aggressive Art und Weise und sie können diese Art der Bedrängung gut verkraften. Trockenperioden verträgt **W. ternata** gut, auf lange Sicht sind Wiederbelebungsversuche mit Wassergaben erfolgreich. Das trifft übrigens auch auf die von mir nicht so ganz geliebte **W. geoides** zu, die bei großer Trockenheit regelrecht umfallen kann, sich nach reichlichen Niederschlägen aber wieder aufrichtet.

► Ein wertvoller Bodenbegrüner für halbschattige Lagen ist W. ternata. Die Staude bildet Ausläufer und zaubert schöne, wintergrüne Teppiche.

Vinca – Immergrün

Als immergrüne Arten sind diese Pflanzen unverzichtbare Bodenbegrüner in halbschattigen und schattigen Lagen. Zum Einwachsen unter Gehölzen benötigen sie erst einmal humosen Boden. Einmal etabliert vertragen diese schönen Stauden Trockenheit und Wurzeldruck. Alle Vinca sollten nicht in die pralle Sonne gepflanzt werden. Gelbes Blattwerk und Kümmerwuchs sind die Folgen.

Beim Blütenflor erfreue ich mich an der weiß blühenden **V. minor 'Gertrude Jekyll'**. Diese langsam wachsende Sorte bildet schöne flache Blattteppiche und bereitet ausschließlich Freude.

► Die Vinca-Sorte 'Gertrude Jekyll' ist weiß blühend. Sie ist meiner Meinung nach eine echte Alternative zu den etwas populäreren blaublütigen Sorten.

GRÄSER FÜR DEN SCHATTENGARTEN

► C. Icedance bietet auch im Winter einen schönen Anblick.

Carex – Segge

Wer ein meist wintergrünes bzw. immergrünes Gras sucht, ist mit den Seggen bestens bedient. Sie sind für den winterlichen Garten aus meiner Sicht quasi unentbehrlich. Für Schattenbereiche besonders geeignet ist zum Beispiel die Sorte '**Icedance**', die mit ihren gelbweißen Randstreifen Schattenbereiche aufhellt und zuverlässiger Begleiter durch das ganze Gartenjahr ist. Lediglich in sehr strengen Wintern gibt es braune Spitzen, die einen leichten Rückschnitt erfordern. Der Ausbreitungsdrang ist leicht zu bremsen.

C. conica '**Snowline**' ist eine japanische Segge, die mit auffälligen weißen Blatträndern besticht. Sie wird nur ca. 15 cm hoch und hat einen kompakten Wuchs. Diese Eigenschaften machen die Sorte '**Snowline**' auch für Kübelbepflanzung besonders wertvoll.

► Die Waldschmiele beeindruckt mit ihrem lockeren Blütenflor.

Deschampsia – Waldschmiele

Die zierlichen, langen Blütenrispen der Waldschmiele sorgen für eine transparente Wirkung, die sich großer Beliebtheit erfreut und auch von Gartenarchitekten gern genutzt wird. Die üppige Blüte des ca. 120 cm hohen, duftig wirkenden Grases mit den grünen Blattschöpfen lockert Schattenpartien schön auf. Wegen der Versamungsgefahr sollte die Blüte nach dem Vergilben zurückgeschnitten werden. Alle Waldschmielen fühlen sich in einem frischen humosen Boden besonders wohl. Sie wachsen vor allem im lichten Halbschatten, kommen aber auch mit voller Sonne gut zurecht.

Mit '**Tardiflora**' hat Karl Foerster bereits 1961 die erste Sorte und Steigerung der Art ausgelesen. Eine Sorte mit kompaktem Wuchs und elegant überhängenden hellgrünen Blüten. Gerne gepflanzt wird die Sorte '**Goldschleier**', die durch die hellgelbe Färbung der Blütenstände sehr auffällig ist.

► Bärenfellschwingel wirken wie ein grüner Teppich.

Festuca – Schwingel

Die Schwingel zählen zu den bekanntesten und beliebtesten Gartengräsern, nicht zuletzt dank der stahlblauen bzw. sattgrünen Färbung der Halme.

Für schattige Standorte empfiehlt sich der Bärenfellschwingel, **F. gautieri**, mit der Sorte **'Pic Carlit'**. Im lichten Schatten fühlt sich dieser langsam und kompakt wachsende Schwingel mit sattgrünen Polstern sehr wohl. Das anspruchslose Gras hält sogar dem Wurzeldruck von Birken stand, die sonst sehr schwer zu unterpflanzen sind.

Hakonechloa – Japangras

Einen wahren Schatz für den Garten bildet das Japangras mit seinen überhängenden Blättern und dem eleganten Wuchs. Die Gräserhalme zieren mindestens eine Woche jeden Stauden- bzw. Sommerblumenstrauß. In Kübel oder Keramiken gepflanzt hält diese Staude gut durch und erinnert durch den überhängenden Wuchs an einen Haarschopf.

Im Halbschatten bei frischem Boden entwickelt die panaschierte Form **H. macra 'Aureola'** stattliche Horste, die in Verbindung mit Schattenstauden Gärtnerherzen höherschlagen lassen. In voller Sonne hält es bei frischem Boden durchaus mit, jedoch lässt die Schmuckwirkung der Blätter durch leichtes Vergilben nach.

Die weiß-grün gestreifte **H. macra 'Albostriata'** kann den Schattengarten bereichern. Die grüne Art **H. macra** ist in japanischen Gärten sehr beliebt.

► Hakonechloa macht auch als Kübelpflanze eine gute Figur.

► Die Waldmarbel ist ein anspruchsloser Bodenbegrüner für Schattenecken.

Luzula – Waldmarbel

Unverwüstlich, mit nur geringen Standortansprüchen und gut wurzeldruckverträglich – so kommen die Waldmarbel daher. Die ca. 30 cm hohen Stauden sind bestens geeignet zum Unterpflanzen von Gehölzen und zeichnen sich durch ihr immergrünes Wuchsverhalten aus.

Die Sorte **L. sylvatica 'Tauernpass'** ist breitblättrig und kompakt wachsend. Sie ist eine wichtige Sorte für Schattenpartien und gut mit Schattenstauden wie Elfenblumen und Farnen zu kombinieren.

Die Sorte '**Aurea**' ist durch die gelben Blattränder auffälliger als die grüne Form.

Eine elegantere Erscheinung ist die Schneemarbel, **Luzula nivea**. Mit ca. 40 cm wird dieses Gras höher. Es hat schmale, grüne, bewimperte Blätter, die später hellbraun werden. Die weißen Blüten erscheinen schon im Frühjahr und haben hohen Schmuckwert. Die Ansprüche sind etwas höher als bei der Waldmarbel, so liebt die Schneemarbel lichten Halbschatten ebenso wie frischen humosen Boden. Es ist ein besonders liebenswertes Gras und zur Blütezeit unwiderstehlich.

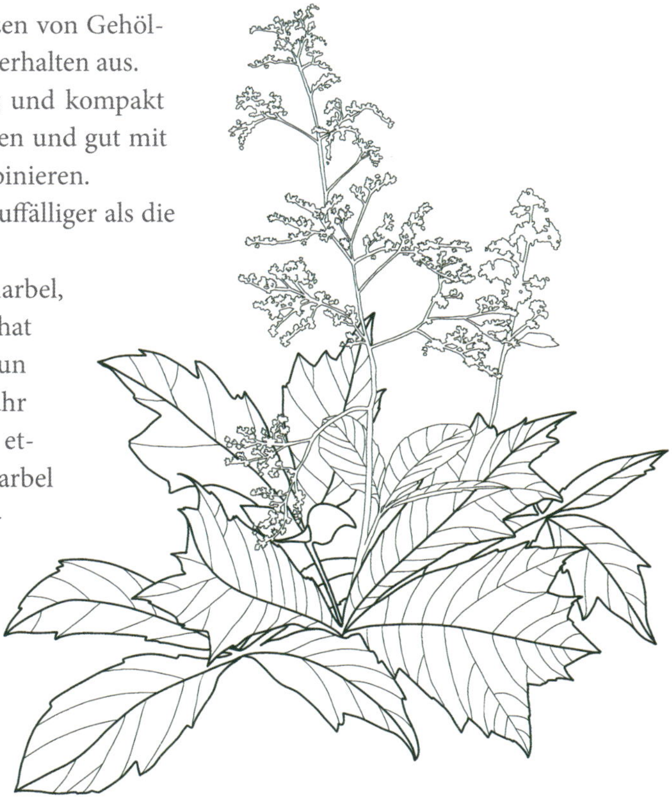

► Die Gartenfarne mit ihren zum großen Teil winter- bzw. immergrünen Wuchsformen und schönen Blattstrukturen haben sich einen festen Platz im Schattengarten gesichert – wie hier der imposante Venushaarfarn.

FARNE FÜR DEN SCHATTENGARTEN

Adiantum – Frauenhaarfarn

A. pedatum – der Pfauenradfarn schlägt wie ein Pfau sein „Rad“ mit hellgrünen, fein geteilten Blättern in einer Höhe von ca. 40 cm. Dem edlen Farn sieht man nicht an, dass er viele Jahre standorttreu sein kann, wenn für Humusnachschub gesorgt wird. Zu diesem Juwel passen edle Schattenpflanzen wie der Maiapfel.

A. venustum – der Venushaarfarn wirkt durch seine filigranen, nur etwa 20 cm hohen Wedel sehr dekorativ. Obwohl man diesem zarten Farn nicht viel Überlebenskraft zutraut, ziert er – einmal eingewachsen – viele Jahre seinen Standort.

▸ Hirschzungenfarn

▸ Flaumfederfarn

Polystichum – Schildfarn

Die wintergrünen **Polystichum-Arten** sind mir besonders ans Herz gewachsen.

P. setiferum 'Plumosum Densum', der Flaumfederfarn, ist ein Juwel und dazu noch robust sowie einfach zu kultivieren. Im Frühjahr werden die alten Wedel bei Austrieb zurückgeschnitten. Es wird empfohlen, die Farne mit Hornspänen zu düngen.

Dryopteris erythrosora, der Japanische Rotschleierfarn, ist im Austrieb rötlich braun und vergrünt später. Es ist ein ganz besonderer Schatz. Im humosen Boden, in halbschattiger Lage fühlt sich diese Staude wohl. Ein leichter Winterschutz ist vorteilhaft.

Phyllitis scolopendrium, der Hirschzungenfarn, liebt kalkhaltige, feuchte Partien im Schatten und lässt sich auch unter Gehölzen gut anpflanzen. Die Sorte '**Undulata**' hat stark gewellte Wedel. Ein sehr schöner und einfach zu kultivierender wintergrüner Farn mit ca. 40 cm Höhe.

▸ Rotschleierfarn

► Schafgarbe

► Akelei

► Blumenlauch

► Strauchpfingstrose

► Pfingstrosen

► Schneeglöckchen

► Zwergschleifenblume

► Netzblatt-Iris

► Christrose

MÄRZ

Erste Blüten im Vorfrühling und interessante Staudenaustriebe

Kapitel 4

AUSGEWÄHLTE STAUDEN FÜR SONNIGE STANDORTE

► Hohe Raublattastern verkörpern das ländliche Idyll.

AUSGEWÄHLTE STAUDEN FÜR SONNIGE STANDORTE

Eine Vielzahl geeigneter Stauden steht für sonnige Standorte zur Auswahl. Oft sind es graulaubige Pflanzen oder solche mit wollfilzigen Blättern, die der intensiven Sonneneinstrahlung trotzen. Es sind aber auch Stauden, die von ihren heimatlichen Bedingungen Sonne gewöhnt sind, wie in Steppen, Prärien, auf Bergwiesen oder Hochgebirgsmatten. Für sonnige Standorte ist mit viel mehr Blühzauber zu rechnen als im Schatten. Hier tummeln sich wesentlich mehr Insekten, denn sie finden ein gutes Nahrungsangebot. Für Schnittzwecke gibt es ebenfalls eine große Auswahl.

Höhepunkt von sonnigen Staudenpflanzungen ist oft der Juni, mit einer Nachblüte im Spätsommer. Im Herbst werden mit gelben und roten Farbtönen in Laub- und Blütenfarben letzte Akzente im Gartenjahr gesetzt. In den Frühlingsmonaten können Blumenzwiebeln mit ihrem kurzzeitigen Blühen auf besonnten Freiflächen Brücken zu dem später einsetzenden Staudenflor bilden.

► Die neuen Schafgarbe-Sorten brillieren mit einem großen Farbspektrum.

► Malven passen ausgezeichnet zu alten Fachwerkhäusern und Bauerngärten.

Achillea – Schafgarbe

Ihre enorme Widerstandskraft gegenüber Sonne und vor allem Trockenheit zeigt die heimische Schafgarbe auf Wiesenflächen. Obwohl es wochenlang nicht geregnet hat und der Rasen schon „verbrannt“ ist, wächst diese Staude unbeirrt weiter, oft nur allein oder in Nachbarschaft von Spitzwegerich und Co., denen Trockenheit ebenfalls nichts ausmacht. Natürlich brauchen die züchterisch bearbeiteten Sorten mehr Zuwendung.

Für den sommerlichen Staudengarten sind die neuen Schafgarbensorten ein Geschenk. Besonders das Farbspektrum der **Filupendulina-Hybriden** hat sich in den vergangenen Jahrzehnten positiv entwickelt und geht vom Cremegelb über Orangebraun bis zu Apricot und Feuerrot. Durch Rückschnitt der Stängel nach der Blüte sorgen diese Stauden mit aromatischem Laub für Blütennachschub. Da einige kurzlebig sind, empfiehlt sich ein häufiges Teilen im Frühjahr. Ihre Eignung als haltbare Schnittblumen ist unbestritten.

Alcea – Malve

Diese schöne Bauerngartenstaude begeistert mich immer wieder, wenn sie vor alten Bauernhäusern steht. In Schweden dominieren Malven ganze Gassen, obwohl sich die Pflanzstellen direkt an den Hauswänden befinden und kaum Regen hingelangt.

Allerdings treibt der Malvenrost leider sein Unwesen und die unteren Blätter werden oft unansehnlich und müssen entfernt werden. Sonniger, luftiger Stand kann den Befall mindern. Mit gezielten Fungizid-Spritzungen, wie bei den Rosen, bekommt man dieses Problem jedoch gut in den Griff. Durch rechtzeitigen Rückschnitt nach der Blüte kann die Lebensdauer der oft nur kurzlebigen Staude, die sich sonst gern durch Samen verbreitet, verlängert werden.

Die Stockrosen der Parkserie (Halbsträucher) sind gute Partner für Naturgartenpartien, auch wenn ich persönlich mich nie so richtig mit ihnen anfreunden konnte.

► Bis zur Blütezeit ist der Frauenmantel – oben links, hier kombiniert mit Katzenminze – eine wunderbare Staude, die nach dem Rückschnitt allerdings etwas nachlässt.

Alchemilla – Frauenmantel

Für den Junigarten kommt dem Frauenmantel – besonders der Art **A. mollis** – eine ganz große Bedeutung zu. Das Gelbgrün der Blüten passt besonders gut zu Blautönen. Gemeinsam mit großblumigen Katzenminzen in einer rhythmischen Bepflanzung ist diese Staude prägend für die Eingangssituation in meinem Garten. Die Blüte hält lange an und ist begehrter Vasenschmuck. Das Tropfenspiel der Blätter nach Regengüssen ist einfach nur schön.

Bildet der Frauenmantel braune Stellen und fängt an, unansehnlich auszusehen, ist Rückschnitt der einzige Weg. Ich schneide die Pflanze komplett zurück und schaffe es mit Düngergabe und einer kräftigen Bewässerung, dass sich bald neues Blattwerk bildet und im Herbst einige Blütenstiele die wieder erholte Staude schmücken.

► Amsonia tabernaemontana besticht mit einer schönen Blüte.

Amsonia – Blausternbusch

Bei einem Dreh für den MDR Garten ist mir im französischen Villandry im Wolkengarten eine Pflanze mit feiner Struktur und toller Herbstfärbung aufgefallen. Es war **A. hubrichtii**, eine Staude, die wie alle Amsonien eine längere Anlaufzeit benötigt, aber dann den Standort prägen kann. **A. tabernaemontana** entwickelt viele kleine hellblaue Blüten, wobei auch die Blätter mit der dunkleren Mittelrippe Zierwert haben. Sehr trockene Lagen sollten bei der Art vermieden werden.

Anthriscus – Wiesenkerbel

Wer einmal **A. sylvestris 'Ravenswing'** im Garten hatte, wird von dieser schönen kurzlebigen Staude mit dem dunkelroten Laub viele Jahre begleitet. Sie sät sich immer wieder aus und taucht oft unerwartet im Staudenbeet an anderen Stellen auf, ohne dabei lästig zu werden. Dieser Wiesenkerbel zählt somit zu den Überraschungsgästen im Garten. Man weiß nie genau, ob und wo die wunderbare Staude mit dem besonderen Blattschmuck und den zierlichen weißen Blüten überlebt hat und wiederauftaucht.

► Anthriscus 'Ravenswing' hat ein feines, rötlich gefärbtes Laub.

Aster – Aster

Alle Astern gehören zu den insektenfreundlichen Pflanzen und dienen unter anderem als Tummelplätze für Bienen. Zudem sind sie ausgezeichnete Schnittblumen. Aus dem riesigen Sortiment, das bei Astern geboten wird, fällt die Auswahl der richtigen Arten und Sorten für den Garten schwer. Empfehlen kann ich besonders die **Bergaster, A. amellus**, die auch als Kalkaster bezeichnet wird, weil sie kalkverträglich ist und einmal eingewachsen Trockenheit verträgt. Die von Karl Foerster gezüchtete Sorte **'Veilchenkönigin'** ist immer noch eine der besten und mit dem dunkelvioletten Farbton sehr präsent. **A. pyrenaeus 'Lutetia'** – die **Pyrenäenaster** – verwende ich sehr gern. Die lange Blütezeit und der lockere Wuchs empfehlen sie als guten Nachbarn im spätsommerlichen Staudengarten. Von den Raublattastern, die keine Probleme mit Mehltau haben, hat es mir besonders die von Heinz Klose gezüchtete Sorte **A. novae-angliae 'Herbstschnee'** angetan.

► Aster 'Lutetia' blüht lange und ist für den spätsommerlichen Garten ideal.

Boltonia – Sternwolkenaster

Diese Staude beeindruckt mich besonders mit ihren graugrünen, lanzettähnlichen Blättern und der langen Blütezeit von August bis Oktober. Von Sternwolkenastern ist meist die weiß blühende **B. asteroides 'Snowbank'** im Handel erhältlich. Für die standfeste Staude, die ca. alle fünf Jahre im Frühjahr geteilt werden sollte, verläuft der Einzug in die Gärten meiner Meinung nach noch zu zähflüssig. Meine besten Empfehlungen gebe ich ihr mit auf den Weg.

► Im Oktober einfach unschlagbar ist die Blüte der Sternwolkenaster.

Calamintha – Bergminze

► Die Bergminze bildet hier mit Gräsern eine schöne Pflanzengruppe.

Bei dieser Staude ist es wichtig, eine Sorte zu finden, die steril ist und nicht durch zu viel Sämlingswurf unangenehm auffällt. **C. nepeta 'Triumphator'** erfüllt diese wichtige Anforderung. Sie ist leichtfüßig in sonnigen Staudenbeeten unterwegs und auch als Rosenbegleitpflanze geeignet. Die Stauden mit dem frischen Minzeduft und dem lang anhaltenden Flor in Form von „Blütenwolken" lassen keine Ärgernisse aufkommen. In lockeren abgemagerten Böden fühlen sie sich wohler als in „fettem" Gartenboden. Die aromatische Pflanze forciert auch das Insektenleben im Garten.

Cephalaria gigantea – Schuppenkopf

Der Schuppenkopf ist eine Lichtgestalt in der großen Staudenrabatte des englischen Schaugartens Great Dixter. Nach dieser über 2 m hohen, hellgelb blühenden auffälligen Staude fragen mich viele Gartenreisende, wenn wir Great Dixter besuchen.

Die Blüten sind skabiosenähnlich, weit verzweigt und werden von Insekten gern besucht. Diese Staude bevorzugt durchlässige Böden und ist durch ihre monumentale Gestalt nicht zu übersehen. Ein Rückschnitt verhindert Sämlingsausbreitung.

▸ Der Schuppenkopf zieht Insekten an und ist im Staudengarten mit seiner Höhe bis zu 2 m eine monumentale Gestalt.

Ceratostigma – Bleiwurz

C. **plumbagonoides** ist der ideale Bodenbegrüner für sonnige Standorte und eignet sich auch für den sonnigen Gehölzrand. Im Laufe der Jahre bilden sich durch Ausläufer wunderschöne, zunächst leicht rot gefärbte Blattteppiche, die sich im Spätsommer mit blauen Blüten schmücken. Die Rotfärbung der Blätter nimmt dann an Intensität zu.

Die Staude zeigt keine Schwächen und ist auch für extreme Standorte einzusetzen, da Wurzeldruck und Trockenheit gut vertragen werden. Die Pflanze ist nicht wintergrün, das heißt die oberirdischen Pflanzenteile sterben ab. Allerdings treibt sie jedes Jahr problemlos wieder aus.

▸ Die Bleiwurz ist ein idealer Bodenbegrüner für sonnige Lagen.

► Die Sortenfrage spielt beim Rittersporn eine wichtige Rolle. Die Auswahl ist mittlerweile riesig, wie hier auf der Chelsea Flower Show.

Delphinium – Rittersporn

In der großen Staudenfamilie spielt der Rittersporn eine wichtige Rolle. Karl Foerster und etliche andere Züchter haben ihn durch zahlreiche Neuzüchtungen auf eine neue Stufe gehoben. Blütenfarbe und die langen Blütenlanzen faszinieren und die „Blaue Stunde" in der Dämmerung lädt zu Rittersporn-Besuchen ein. In meinem Umfeld in Thüringen sieht man leider selten schöne stattliche Rittersporngruppen, wie ich sie in englischen Gärten oft erlebt habe. Ich bin nach vielen Gesprächen mit Gartenfreunden der Meinung, dass möglicherweise einige Sorten wegen fehlender Erhaltungszüchtungen abgebaut haben und Langlebigkeit und Vitalität zu wünschen übrig lassen.

Als Beetstaude ist guter durchlässiger Gartenboden in sonniger Lage zur optimalen Entwicklung erforderlich. Nur bei ausreichender Wasser- und Nährstoffversorgung kommt es nach Blüte und erfolgtem Rückschnitt im September zu einem zweiten Flor. Durch die sommerliche Trockenheit bedingt, gab es jedoch trotz gelegentlicher Wassergaben in meinem Garten Probleme mit der zweiten Blüte.

Nachbarpflanzen sollten dem Rittersporn nicht so sehr auf den Leib rücken, achten Sie also beim Pflanzen auf ausreichend Abstand. Stehen die Pflanzen zu eng, wird das Wachstum gebremst und die Anfälligkeit für Mehltau steigt. Beim Austrieb muss diese Staude vor Schnecken geschützt werden, die sich bevorzugt an den jungen Trieben gütlich tun. Seine Ritterspornsorte muss jeder für sich selbst entdecken, denn die Auswahl ist sehr umfangreich. Meine Favoriten sind die Belladonnasorten '**Atlantis**' und '**Ballkleid**'.

Echinacea – Sonnenhut

► Echinacea sind Blütenstauden von Rang und wahre Insektenmagneten.

Die Farbpalette, die die Sonnenhüte – vor allem auch die neuen Sorten – bereithalten, ist eine große Bereicherung für den sommerlichen bzw. den spätsommerlichen Garten. Wir Gartenfreunde haben auf diese Schätze gewartet, die mit Gräsern kombiniert ein wunderbarer und haltbarer Vasenschmuck sind. Schmetterlinge haben die Sonnenhüte schon lange für sich entdeckt und genießen die farbenprächtigen Landeplätze.

Obwohl die neuen Sorten nicht sehr langlebig sind, sollten sie in jedem Sonnengarten gepflanzt werden. Für durchlässigen Boden sind sie dankbar, Winternässe wird schlecht vertragen. Wer eher die Wildformen liebt, sollte zu Sorten von **E. paradoxa** und **E. pallida** greifen. In naturhaften Partien sind sie einfach nur schön.

► Die Edeldistel ist ein Hingucker und besonders für vollsonnige und trockene Standorte gut geeignet.

Eryngium – Edeldistel

Ich brauchte eine gewisse Zeit, um mich mit den Edeldisteln anzufreunden. Doch dann wurde es zu einer Freundschaft für die Ewigkeit. Egal ob die blau blühenden Sorten gepflanzt werden oder die silbrigweiße **E. giganteum** – es sind Stars, die nicht nur im Beet, sondern auch in der Vase überzeugen.

Mit dem Klimawandel haben Edeldisteln keine Probleme, trockene heiße Sommertage werden gut vertragen. Man sollte ihnen einen abgemagerten durchlässigen Boden in voller Sonne anbieten. Auch im Kiesbeet fühlen sich diese Stauden sehr wohl. Als Nachbarn bieten sich trockenheitsliebende Gräser wie der Atlasschwingel an.

▸ E. characias ssp. wulfenii ist zur Blütezeit ein schöner Anblick.

Euphorbia – Wolfsmilch

Als ein wahrer Held für vollsonnige, trockene Standorte hat sich **E. seguieriana ssp. niciciana** offenbart. Die Steppenwolfsmilch trotzt selbst in Kübeln der Trockenheit und hinterlässt auch dann noch einen guten Eindruck. Im gewöhnlichen, mit Nährstoffen gut versorgten Gartenboden dagegen wird diese Art zu üppig und bedrängt ihre Nachbarn.

Ich liebe diese Staude wegen ihrer feingliedrigen Struktur und den gelbgrünen Blüten, die eine lange Blühzeit aufweisen. Im Herbst schneide ich sie bis auf die Neutriebe, die mittig wieder durchwachsen, zurück. Durch ihren immergrünen Charakter ziert die Steppenwolfsmilch auch im Winter.

Gartenreisen nach England brachten mich in Versuchung, **E. characias ssp. wulfenii**, die mich dort stets begeistert hat, in den eigenen Garten zu holen. Nach Anfangsjahren mit Winterschutz steht sie nun da: Eine prachtvolle, reich blühende Staude, der ich Allium als Partner zugeordnet habe. Im Winterhalbjahr zeigt sie mit ihrer einzigartigen Struktur Haltung.

Diese prächtige Pflanze wird der Klimawandel noch stärker in die Gärten spülen, da bin ich mir sicher. Wie bei allen Wolfsmilcharten sollte man sich vor dem Milchsaft vorsehen, der Hautprobleme verursachen kann.

Geranium – Storchschnabel

Die Fülle an Arten und Sorten ist überwältigend und viele Standorte im Garten können erfolgreich von dieser artenreichen Gattung besiedelt werden. Für sonnige Standorte gibt es für mich zwei Favoriten: **G. renardii** und **G. sanguineum** mit ihren jeweiligen Sorten. **G. renardii** fällt durch sein graues Blattwerk auf. Die Blüte – mir gefallen besonders die blau blühenden Sorten – beginnt Anfang Juni und geht bis in den Juli hinein. Die Blätter nehmen im Spätsommer manchmal Schaden, ich schneide die Pflanze dann leicht zurück. Diese schöne Geranie habe ich schon oft für sonnige Staudenpflanzungen eingesetzt: für Mischpflanzungen, zum Bepflanzen von Rändern und um die Sinfonie der blauen Töne zusammen mit anderen blauen Juni-/Julibblühern, wie dem Salbei, erklingen zu lassen.

G. sanguineum, der Blutstorchschnabel, ist eine ideale Pflanze für den sonnigen Gehölzrand. Diese Staude blüht in rosa, roten und weißen Blütenfarben und ist in sonnigen Lagen universell einsetzbar. Die weiß blühende Form verwende ich besonders gern.

▸ G. renardii besticht mit zartlila Blüten, die sich aus dem Blätterwerk emporschieben.

Hemerocallis – Taglilien

Taglilien bestechen mit einem eleganten, gräserhaften Wuchs und füllen mit ihren schönen Blüten das Sommerloch im Garten. Die älteren Sorten sind unverwüstlich, werden aber in puncto Blütenschönheit von den neuen Hybriden um Längen überholt. Dafür möchten die neuen Hybriden vom Standort her schon von besserem Boden verwöhnt werden. Ich orientiere mich noch an den Spitzensorten der 70er- und 80er-Jahre, die bereits viele Jahre zuverlässig blühen und nach der Blüte mit Blattkrankheiten keine Probleme haben. Neue Sorten benötigen meist mehr Zuwendung und Pflanzenschutz, außerdem ist die Sortenvielfalt bei „den Neuen" verwirrend. Für naturhafte Gärten, wo Stauden ihre Eigenschaft zum Verwildern voll ausleben können, sollten **H. fulva** und **H. citrina** gepflanzt werden.

Bei den großblumigen Hybriden sollte der tägliche Gang durch den Garten verbunden werden mit dem Ausbrechen von allem Verblühten. Grob geschwollene Knospen, die nicht aufblühen, sind von der Hemerocallis-Gallmücke befallen. Sie sollten rechtzeitig entfernt werden.

Die essbaren Knospen und Blüten können für Salate Verwendung finden.

► Taglilien sind ausgesprochene Blütenschönheiten.

► Der Stauden-Lein bildet mit seinem straff aufrechten Wuchs regelrechte Sträuße im Beet.

Linum – Lein

Auf Verkehrsinseln und im Verkehrsbegleitgrün bewundere ich immer wieder den blau blühenden Stauden-Lein. Mit den im Sommer aufgeheizten Standorten kommt er gut zurecht. Zudem zeichnet ihn eine lange Blütezeit aus.

Diese luftig wachsende, bis 60 cm hoch werdende Pflanze ist gut mit gleichgesinnten Stauden zu kombinieren. Der Stauden-Lein hat es verdient, dass ihm mehr Beachtung geschenkt wird.

▸ Der Steinsame ist der ideale Bodenbegrüner für den sonnigen Gehölzrand.

Lithospermum – Steinsame

Für den sonnigen Gehölzrand ist der anspruchslose und trockenheitsverträgliche Steinsame – **L. purpuroceruleum** – eine Schlüsselfigur. Als ich Gräfin Sonja Bernadotte bei einem ihrer ega-Besuche die Staudengärten zeigte, blieb sie vor einer blühenden, enzianblauen Fläche mit Steinsamen stehen. Ihr Interesse war geweckt und sie nahm die Anregung mit, auf der Insel Mainau trockene sonnige Ecken mit dieser Staude zu begrünen.

In der Zeit nach der Blüte macht der Steinsame eher einen zurückhaltenden Eindruck, ziert aber im Winter mit seinen kleinen weißen Samenkugeln. Der robuste Bodenbegrüner empfiehlt sich für Problemecken, hält sehr lange die Stellung und enttäuscht nie.

▸ Kurz vor der Blüte steht das Brandkraut auf diesem Bild.

Phlomis – Brandkraut

Mein Brandkraut war mit dem von mir zugewiesenem Platz nicht zufrieden und hat sich ein besseres Plätzchen ausgewählt. Es ist durch Aussaat einfach einen Meter nach vorn gerückt, wo es mehr Chancen hat, bewundert zu werden.

Die in Etagen erscheinenden, hellgelben Blüten von **P. russeliana** erinnern an die der Taubnesseln. Selbst im Winter sind die abgestorbenen Blütenstängel bei Frost und Raureif eine Zierde. Die Wuchsform macht diese Staude so besonders. Und wie in meinem Garten gibt es Sämlingsüberraschungen, die aber leicht zu bremsen sind.

Sehr artig verhält sich **P. tuberosa**. Dieses Brandkraut mit der rosalila Blüte sät sich nicht aus und ist für die naturhaft gestaltete Rabatte eine exzellente Pflanze.

Rudbeckia – Sonnenhut

Der berühmteste Sonnenhut ist wohl die vom Staudengärtner Heinz Hagemann in Tschechien entdeckte Sorte **'Goldsturm'**, die ihrem Namen alle Ehre macht.

Allerdings ist diese oft gepflanzte Sorte etwas trockenheitsempfindlich und sollte in guten Gartenboden kommen. Bei nachlassender Wuchs- und Blühleistung ist Teilen und Umpflanzen ausgesprochen hilfreich. Ein ganz anderer Sonnenhut ist **R. triloba**. Dieser bis 150 cm hohe Vertreter ist gut verzweigt und blüht mit einer Vielzahl kleinerer Blüten mit schwarzer Mitte. Wie bei Malven erhöht ein kompletter Rückschnitt nach der Blüte die Lebensdauer.

► Die Sorte 'Goldsturm' macht ihrem Namen alle Ehre und fällt begleitet von Knöterich (links) und Fingerstrauch (rechts) sofort ins Auge.

Ruta – Weinraute

Eigentlich ist die Weinraute eine Heil- und Gewürzpflanze. Sie macht aber auch als Zierpflanze eine gute Figur. **R. graveolens 'Jackman's Blue'** verwende ich sehr gern für sonnige Staudenflächen – weniger wegen der gelben Blüte, sondern wegen dem schönen, blaugrau gefiederten Laub. Diese Sorte passt sich auf jeder sonnenbeschienen Rabatte durch ihre dezente Laubschönheit gut an und ist eine ideale Nachbarpflanze.

Beim alljährlichen Frühjahrsrückschnitt und bei Pflegemaßnahmen sollten Handschuhe getragen werden, da Hautreizungen vorkommen können. Die gelben Blüten schneide ich immer rechtzeitig ab, damit die Pflanze ihre ganze Kraft in die Ausbildung der Blätter setzen kann.

► Ein schönes, filigranes Laubwerk in Blaugrau ziert die Weinraute ebenso wie zarte gelbe Blüten.

► Zur Blütezeit ist Salbei (vorn) ein Hingucker. Wer ihn anschließend zurückschneidet, kann sich über einen zweiten Flor freuen.

Salvia – Salbei

Die Auswahl an Salbeiarten und -sorten für sonnige Flächen ist sehr groß und lässt keine Wünsche offen.

Den Spanischen **Salbei, S. lavandulifolia**, und den einfachen Küchensalbei, **S. officinalis**, pflanze ich gerne an sonnige Eckpunkte von Staudenrabatten. Der Spanische Salbei ist kleinblättriger und nicht so groß wie der Küchensalbei. Beide werden im Frühjahr auf ca. 1/3 zurückgeschnitten und man zweifelt jedes Jahr, ob die Pflanzen diesen Eingriff verkraften. Spätestens im Mai erscheinen jedoch viele Neutriebe, über die ich mich immer wieder freue.

S. nemorosa 'Mainacht' fällt mit dem dunkelblauen Farbton auf. Die Karl-Foerster-Sorte ist immer noch gut drauf und überzeugt auch nach vielen Jahren. Mit **'Mainacht'** sind wohl die letzten Maitage gemeint, da sie in der Regel erst Ende Mai aufblüht. Ein kompletter Rückschnitt nach der Blüte forciert wie bei allen Nemorosa-Sorten im September einen weiteren Flor.

S. sclarea, der Muskatellersalbei, erreicht oft die stattliche Höhe von über einem Meter. Schon die großen behaarten Blätter zieren. Der monumentale Blütenstand wird zum Treffpunkt von Hummeln und Holzbienen – da ist eine ganze Menge los! Die Pflanze ist zwar nur zweijährig, versamt sich aber gut.

Selbst die Blätter der Sämlinge sehen im Winter recht attraktiv aus. Wenn diese im Wachstum im nächsten Jahr anfangen loszulegen, kann man die umliegenden Pflanzen verstehen, wenn sie „Angstzustände" bekommen, da sie ordentlich bedrängt werden. Hier muss die eine oder andere Pflanze einfach weichen, obwohl es schwerfällt, die ornamentalen Gebilde zu beseitigen.

Übrigens benötigte ich im Oktober 2019 noch ein Schneckenfoto für mein Ratgeberbuch „Das grüne Telefon". Alle Schnecken hatten sich schon zurückgezogen. Die einzige entdeckte ich auf einem Blatt des Muskatellersalbeis. Die Schnecken scheinen also die aromatischen Blätter sehr zu mögen.

S. verticillata 'Purple Rain' ist ein tief purpurfarben blühender Salbei und ein Schatz für jeden, der diesen Farbton mag. Der niederländische Staudenexperte Piet Oudolf hat diese Sorte ausgelesen und sehr oft in seinen Pflanzungen eingesetzt.

▸ Umgeben von Gräsern und Steppenwolfsmilch macht das Sedum auf sich aufmerksam – hier die Sorte 'Matrona'.

Sedum – Fetthenne

Wo diese Staude wächst, summt und flattert es gewaltig. Bienen, Schmetterlinge und Co. gönnen den Blüten keine Ruhe.

Die **S. Telephium-Hybride 'Herbstfreude'** hat mich jahrzehntelang treu begleitet und besitzt immer noch Bedeutung durch ihre Robustheit, gerade auch in öffentlichen Grünanlagen. Ich habe mich jedoch für die Sorte **'Matrona'** entschieden, die mit ihrer leichten Blattfärbung sofort ins Auge sticht. Beide Sorten sind Blühwunder und liefern lange haltbare Stiele für die Vase. Ende Mai können alle hohen Sedum um die Hälfte gekürzt werden. Sie bleiben dann kompakter und verzweigen sich besser. Als sogenannte „Wintersteher" schmücken sie den Wintergarten besonders bei Raureif und Schnee. Ein möglichst tiefer Rückschnitt im März ist bahnbrechend für den neuen Austrieb.

Die rotblättrigen Sorten haben sich immer mehr Sympathien erobert, wie die **Sedum-Hybride 'Karfunkelstein'**. Hier spielt die zunehmend dunklere Färbung des Laubes eine ganz wichtige Rolle und verlangt nach kontrastreicher Nachbarschaft. Für Kübel und Schalen bestens geeignet ist **S. sieboldii**. Egal ob allein, in eine Schale gepflanzt oder in Kombination mit ähnlichen Blattsukkulenten, dieses Sedum macht viel Freude – wenn nicht gerade Schnecken über die Pflanze herfallen.

Sempervivum – Hauswurz

Semperviva sind wahre Überlebenskünstler. Auf Toreinfahrten, Mauern und Dächern alter Bauernhäuser habe ich diese unverwüstlichen, rosettenbildenden Sukkulenten oft entdeckt. Früher wurden sie von abergläubischen Landbewohnern sogar als Schutz vor Blitz und Donner gepflanzt, daher der Beiname „Donnerwurz".

Die Pflanze zehrt von ihrem eigenen „Mist", das heißt, aus den verblühten abgestorbenen Stängeln bildet sich Humus, der von den neu gebildeten Rosetten überwachsen wird. Letztendlich entsteht auf diese Weise im Laufe der Zeit eine nachwachsende, bescheidene Humusschicht, die das Überleben dieser Hungerkünstler sichert.

Für Trockenmauern, Kübel und Balkonbepflanzung ist das Sempervivum bestens geeignet und bereit, den heißen und trockenen Sommermonaten, die wir künftig oft haben dürften, zu trotzen. Die Pflanzen säen sich gern aus, was gerade in meinem Garten z. B. in Pflasterfugen immer willkommen ist. Auch für die Dachbegrünung spielt die Hauswurz neben dem Sedum eine wichtige Rolle.

Was die Sortenwahl angeht: Das Sortiment ist so groß, dass für jeden Geschmack etwas dabei ist.

▸ Semperviva gibt es in unzähligen Variationen. Sie machen sich auch in Töpfen und Kübeln wunderbar.

Stachys – Wollziest

Vom Wollziest empfehle ich vor allem die Sorte **'Cotton Boll'** mit wesentlich größeren Blättern als andere Vertreter dieser Art und weniger, aber dafür sehr schönen Blüten.

Nasskalte Winter nehmen Stachys übel und man muss sie dann im Frühjahr gut ausputzen. Oft reicht es, wenn man mit einem Rasenbesen braune und abgestorbene Pflanzenteile entfernt und mit der Schere etwas nachschneidet. Der übliche Blaukorndünger lässt die Pflanzen sich schnell erholen und die großen, wollfilzigen Blätter, die sich nach und nach entwickeln, werden zu einer Augenweide.

▸ Wollziest ist unter anderem perfekt geeignet für den Kiesgarten.

► Stark wollfilzig behaart ist die Sorte V. bombyciferum, die sich im Beet attraktiv macht.

► Zur Blütezeit sind Yuccas imposante Gestalten.

Verbascum – Königskerze

Der Anblick einer blühenden Bergwiese mit Königskerzen und Schafgarben ist mir nach vielen Jahren noch lebhaft im Gedächtnis. Beim Aufstieg vom Rila-Kloster in Bulgarien, auf dem Weg zu den Sieben Seen, bin ich diesem Blütenreigen in vollsonniger Lage und trockenem Boden im Hochsommer begegnet. Natürlich dominierte hier die **Kandelaber-Königskerze**, die mit ihrer großartigen Gestalt von Insekten nur so umschwärmt wurde – ein Insektenmagnet, wie alle Königskerzen.

Für sonnige Naturgärten ist diese Pflanze ein absolutes „Muss". Einmal gepflanzt verbreitet sich die Staude mit der grauweißen filzigen Behaarung über Sämlinge, deren Besatz sich aber leicht steuern lässt.

V. bombyciferum, die **Silberkönigskerze**, habe ich zum ersten Mal in England gesehen. Hier hat eine sehr feinsinnige Gartenkünstlerin diese wunderschöne, dickwollfilzigbehaarte Staude vor eine rotlaubige Buchenhecke gepflanzt. Die Kontrastwirkung war verblüffend.

Yucca – Palmlilien

Die Yucca ist eine der auffälligsten Solitärpflanzen mit exotischem Charakter, die sich vom Klimawandel kaum beeinflussen lassen. Eine Gruppe blühender Yuccas ist immer ein Ereignis – ob im Garten, im Kiesbeet oder in Grünanlagen. Bis zu ihrer ersten imposanten Blüte mit den hohen glockigen Blütenrispen vergehen allerdings ein paar Jahre, doch bereits das feste graugrüne Blattwerk ist ganzjährig ansehnlich und verträgt jede Menge Sonne und auch Trockenheit.

Der Pflegeaufwand ist überschaubar: Die Blattschöpfe der verblühten Blütentürme werden an der Basis entfernt. Nachwuchs wird von den daumenstarken Rhizomen ausreichend gebildet. Bei strengen Barfrösten kann Schutz mit Fichtenreisig oder Vlies gewährleistet werden.

Leider bieten viele Staudenbetriebe nur noch die Art **Y. filamentosa** an und keine Sorten wie **'Glockenriese'** und **'Schellenbaum'**, die Karl Foerster aus einem Yuccafeld, das eigentlich zu Versuchen mit Faserpflanzen diente, auswählte.

▸ Ein Garten ohne Gräser ist für mich unvorstellbar. Ihren Einzug in die Gärten haben wir ursprünglich Karl Foerster zu verdanken.

GRÄSER FÜR SONNIGE STANDORTE

Calamagrostis – Gartenreitgras

Die Calamagrostis sind unverzichtbare Ordnungshelden im Staudenbeet und auch als Rosenbegleitpflanzen gut einsetzbar.

Die Gräserhorste mit den schmalen Blättern und dem straff aufrechten Wuchs entwickeln ab Juni bräunliche Blütenrispen, die ihre Farbe bis in den Winter hinein behalten. Die gelbliche Färbung des Laubes ist ein schöner Herbstaspekt, von dem viele spätsommer- bzw. herbstblühende Stauden profitieren. Ungetrübt ist die Wirkung im Winter, da die straffe Struktur erhalten bleibt.

C. acutiflora 'Karl Foerster' ist eine ältere empfehlenswerte Sorte mit früher Blütenbildung. Eine Verjüngung der Gräser durch Teilung wird alle fünf bis sieben Jahre empfohlen.

Das **Diamantgras, C. brachytricha**, wurde der Gattung Calamagrostis zugeordnet und bildet sehenswerte Horste mit zarten Blütenrispen. Zusammen mit Wildstauden erfreut uns das Diamantgras mit schönen lockeren und luftigen Pflanzungen.

▸ Ein prachtvoller Anblick ist das Diamantgras.

▸ Das Pampasgras ist vor allem zur Blütezeit sehr auffällig.

Cortaderia – Pampasgras

Das Pampasgras ist ein Exot im Garten und deshalb schwer mit anderen Pflanzen zu kombinieren. Als Solitärgras zwischen mediterran wirkenden Stauden und Gehölzen gepflanzt (z. B. Ziersalbei, Katzenminze, Heiligenkraut, Mönchspfeffer, Weidenblättrige Birne) entfaltet das Gras seine ganze Wirkung. Vollsonnige Lage mit einem durchlässigen, guten Gartenboden ist die Voraussetzung für gutes Wachstum.

Winterschutz ist notwendig: Die Gräserbüsche zusammenbinden (Vorsicht scharfe Kanten – Verletzungsgefahr), mit Vlies umhüllen und eine ca. 20 cm hohe Laubschütte um den Wurzelbereich verteilen. In das Herz des Grases darf keine Winterfeuchte gelangen, da die Fäulnisgefahr sehr groß ist.

Festuca – Schwingel

Die Schwingel zählen zu den bekanntesten und beliebtesten Gartengräsern, wohl auch bedingt durch die stahlblaue bzw. sattgrüne Färbung der Halme. Sie sind anspruchslos an den Boden, sollten jedoch in vollsonnige Lagen gepflanzt werden.

Der **Atlasschwingel F. mairei** hat in den vergangenen Jahren eine weite Verbreitung gefunden und wird mit seinen graugrünen Blättern und kniehohem Wuchs gern rhythmisch in sonnendurchflutete Pflanzungen gesetzt. Gerade Kiesgärten tragen seinem hohen Wärmebedürfnis Rechnung und die Gräser entwickeln sich besonders gut. Stahlblaue Blattpolster entwickeln die Sorten von **F. glauca**. Dazwischen gepflanzte Kleinblumenzwiebeln, wie Krokus im Frühjahr und Herbstkrokus im September, sorgen für aufregende Gartenmomente. In Herbstpflanzungen für Kübel und Schalen haben sich die Schwingel einen festen Platz erobert und sorgen für schöne Aspekte.

▸ Neben Carex macht der Blauschwingel (links) eine gute Figur.

► Eine wirkungsvolle Blüte hat Miscanthus sinensis 'Ferner Osten', eine Züchtung von Ernst Pagels.

Miscanthus – Chinaschilf

Es ist zweifelsfrei die Gräsergattung mit der größten Verwendungsvielfalt. Die Sortenvielfalt ist durch die Züchtungsarbeit renommierter Gärtner wie Ernst Pagels sehr groß und die Auswahl fällt oft nicht leicht.

An der Form des Blütenstandes kann man das Chinaschilf aus der Schar der Ziergräser heraus leicht erkennen. Die Blütenstängel sind ein begehrter Schmuck für Sommer- und Herbststräuße. Eine Miscanthusart, die selten blüht, aber eine Strukturpflanze von Rang ist, sei mit **M. sinensis 'Gracillimus'** empfohlen. Es ist das ideale Gras zum Gliedern von Staudenpflanzungen.

Für kleinere Gärten hat sich die Sorte **'Kleine Fontäne'** mit grazilen Stielen und mit Blütenreichtum schon ab Juli bewährt.

Mit **'Malepartus'** ist Ernst Pagels ein großer Wurf gelungen. Prächtige, standfeste Horste überraschen mit silbrig roten Blüten an roten Stielen. Zu meinen Lieblingsgräsern zählt die Sorte **'Morning Light'**. Nicht nur wenn die Morgensonne auf das Gras mit den zierlichen, weißgerandeten Blättern fällt, gibt es wundervolle Effekte.

► Die hohen Molinia-Sorten sind filigrane Begleiter im Beet.

Molinia – Pfeifengras

Von umwerfender Schönheit sind die Pfeifengräser, vor allem die hohen Sorten. Mit der Sorte **'Windspiel'** lege ich Ihnen ein bis zu 2 m hohes, filigranes Gras ans Herz, das mit einer besonders schönen Herbstfärbung wochenlang ganze Gartenräume beherrschen kann. Die standfeste Sorte sollte als Solitär gepflanzt werde, damit die straffe Struktur und Linienführung voll zur Geltung kommen.

Ganz anders kann man die niedrigen Sorten wie **'Moorhexe'** verwenden. Für Mischpflanzungen sind sie hervorragend geeignet, Akzente zu setzen. Es wird empfohlen, eine größere Stückzahl zu pflanzen. Auch in Heidepflanzungen und Gefäßen machen sie etwas her.

Panicum – Rutenhirse

Sie wachsen straff aufrecht, worin sich besonders die Sorte **'Heavy Metal'** auszeichnet, wirken aber auch locker mit breiten Rispen, wie die Sorte **'Shenandoah'**. Die Sorte **'Cloud Nine'** entwickelt sich zu einem Riesenbusch und ist als Solitärpflanze nicht zu übersehen.

'Heavy Metal' ist ein echter Ordnungsheld, mit seiner blaugrünen Blattfärbung und dem schon erwähnten straffen Wuchs. Das Gras ist völlig fehlerfrei und wie alle Panicum im Frühjahr nach Rückschnitt leicht zu teilen. Das wird erst dann erforderlich, wenn Wachstums- und Blühverhalten nachlassen. In Gruppen zu drei bis fünf Stück gepflanzt, entfaltet es eine großartige Wirkung. Auch in rhythmischer Wiederholung ist das Gras sehr gut in längeren Staudenrabatten einsetzbar.

'Shenandoah' ist die Sorte mit der überzeugendsten Herbstfärbung.

► Ganz aufrecht steht das Panicum 'Heavy Metal'.

▸ Das Lampenputzergras ist auch im Spätherbst eine Augenweide.

Pennisetum – Lampenputzergras

Im Sommer- und Herbstgarten sind die Lampenputzergräser mit ihren rundlichen, dichten Büschen und ihren flaschenbürstenähnlichen Blütenähren aus keinem Garten mehr wegzudenken. Durch ihre Wuchsform bedingt sind sie für Ecksituationen ideal und zu einer Vielzahl sommer- und herbstblühender Stauden gut kombinierbar. Durchlässiger Boden ist ganz wichtig, da Staunässe und nasskalte Witterung vor allem in den Wintermonaten tödlich für die Gräser sein können. Starker Rückschnitt im April ist erforderlich. Viele Gartenfreunde lassen 15 cm und mehr stehen, ich empfehle das Gras auf etwa 5 cm zurückzuschneiden.

Eine robuste Sorte, die etwas breiter ausladend ist, findet sich mit **P. alopecuroides 'Compressum'**. Sie punktet zudem mit einer schönen gelben Herbstfärbung. Zwischen den graugrünen Blättern entwickeln sich bräunliche, leicht überhängende Blüten. Die Sorte **'Hameln'** wird ca. 60 cm hoch und beginnt bereits ab Juli zu blühen.

▸ Sesleria autumnalis blüht ab Spätsommer.

Sesleria – Kopfgras

Bei den Kopfgräsern hat vor allem das im Spätsommer blühende **Sesleria autumnalis** Karriere gemacht und kann den Gartenfreunden empfohlen werden. Das frische Grüngelb der Blätter mit den weißen rispenartigen Blütenständen ab September, macht das Gras sehr beliebt. Es wächst kompakt bis gut 30 cm Höhe und eignet sich deshalb hervorragend zum Durchsetzen von Mischpflanzungen, wo es mit halbhohen Stauden kombiniert naturnahe Pflanzungen zaubern kann. Das Gras ist als Kalk liebend und trockenheitsverträglich bekannt und verträgt auch leichten Wurzeldruck. Sonnige Lagen werden bevorzugt.

Stipa – Federgras

Das Reiherfedergras, **Stipa barbata**, ist wohl das bekannteste der Federgräser. Da die Pflanzen wenig Platz im Beet beanspruchen, kann man sie gut in Pflanzungen einstreuen, was ihre Wirkung noch steigert. Ein vollsonniger Platz sollte dafür reserviert werden.

Stipa gigantea, das Riesenfedergras, ist ein Gigant im sonnenreichen Garten. Einzeln gepflanzt erzielt es als Solitär eine großartige Wirkung mit seinen bis 1,80 m hohen, haferähnlichen Blütenstielen. Im Gegensatz zum Reiherfedergras ist dieses schöne Solitärgras noch viel zu selten in den Gärten zu finden.

Stipa tennuissima (neu: **Nassella tennusissima**) ist mit seinen feinen grünen Blättern, dem kompakten Wuchs sowie der reichen Blüte und ca. 50 cm Höhe ein absoluter Hingucker, wenn es in größeren Stückzahlen verwendet wird.

▸ Stipa gigantea ist ein wunderbares Solitärgras für sonnige Lagen.

▸ Reiherfedergras – Stipa barbata

„Wenn Gräser sich im Winde wiegen und dem wechselnden Licht eine Bühne geben, schätze ich mich einfach glücklich, diese Momentaufnahmen mitzuerleben. "

► Zwerggrasnelke

► Beinwell

► Küchenschelle

► Blauglöckchen

► Pfingstrose

► Rhabarber

► Salbei mit gelben Streifen

► Tränendes Herz

► Lenzrose

APRIL

Die Stauden legen los und Lenzrosen haben ihren großen Auftritt

Kapitel 5

DIE SPEZIALISTEN FÜR BESONDERE ECKEN UND FÜR INSEKTEN

► Im Kiesbeet am Straßenrand fühlen sich sonnenliebende Stauden wie Schafgarbe oder Veronica wohl.

STAUDEN FÜR SPEZIELLE AUFGABEN

Den Klimawandel leugnen zu wollen, ist wohl eine aussichtslose Angelegenheit geworden. Die Meteorologen sagen heiße, trockene Sommer voraus und eine Zunahme extremer Wettersituationen, wie Stürme und Starkregen. Ein Umdenken in der Frage „Wie sieht der Garten der Zukunft aus?" hat längst begonnen. Sind wir künftig noch bereit, mithilfe umfangreicher Pflegemaßnahmen unseren Pflanzenlieblingen über die Sommermonate hinwegzuhelfen? Oder greifen wir vorausschauend auf Pflanzen zurück, die mit den schwierigen Bedingungen zurechtkommen?

Das eine schließt natürlich das andere nicht aus. Da sind zum Beispiel die „Alltagshelden", die uns bei Spaziergängen, Wanderungen und selbst bei Autofahrten vom Wegesrand aus blühende Grüße senden. Die Wegwarte und der Natternkopf sind Vertreter dieser Pflanzengruppe, die auf eine Zukunft in unseren Gärten warten.

Fast ohne Pflege blühen diese anspruchslosen Pflanzen viele Monate, ziehen Insekten magisch an und empfehlen sich für sonnendurchglühte Standorte in Naturgärten. Da ein Entnehmen dieser Pflanzen von Wildstandorten möglichst vermieden werden sollte, besteht die Möglichkeit ihres Erwerbs bei speziellen Staudengärtnereien, die wir problemlos im Internet finden. Die Auswahl von Wildpflanzen für diese besonderen Aufgaben ist zwar nicht groß, aber sie reicht aus, um erfolgreich zu gärtnern.

Stauden für sonnige Böschungen:

Die folgende Mischpflanzung würde ich für eine sonnige Böschung empfehlen. Einige dieser Stauden bilden Ausläufer bzw. verbreiten sich durch Aussaat. Nach einer kurzen Anwachsphase sind sie in der Lage, auch Hangflächen zu stabilisieren – das ist besonders bei starken Regenfällen wichtig.

► Passen farblich gut zusammen: Katzenminze, Salbei und graulaubiger Wermut.

- Asphodeline lutea – Junkerlilie
- Aster amellus – Kalkaster
- Aster linosyris – Goldhaaraster
- Echium vulgare – Natternkopf
- Eryngium planum – Edeldistel
- Euphorbia cyparissias – Zypressen-Wolfsmilch
- Euphorbia seguieriana nicitiana – Steppenwolfsmilch
- Festuca mairei – Atlasschwingel
- Inula ensifolia – Zwerg-Alant
- Origanum vulgare 'Compactum' – Oregano
- Salvia sclarea – Muskatellersalbei
- Santolina chamaecyparissus – Heiligenkraut
- Stipa barbata – Reiherfedergras
- Verbascum olympicum – Königskerze
- Stipa tennuissima – Federgras

► Wie Tentakel schieben sich die Blüten dieser Semperviva nach oben. Im Hintergrund noch zu erkennen: Geranium sanguineum, aufgrund seiner geringen Ansprüche ebenfalls gut zur Dachbegrünung einzusetzen.

Stauden für die Dachbegrünung

Mit umfangreichen Dachbegrünungsmaßnahmen wollen Landschaftsarchitekten und Kommunen städtisches Klima positiv beeinflussen. Das vor einigen Jahrzehnten gestartete Programm war vielversprechend, blieb aber hinter den Erwartungen zurück. Zwar gibt es immer mal wieder einige Leuchttürme in Sachen Dachbegrünung bzw. bei der Fassadenbegrünung im kommunalen und privaten Bereich, die meisten erfüllen die Ansprüche jedoch nicht.

Im Zeichen des Klimawandels müsste gerade in den Städten viel mehr getan werden. Die Technologien sind erprobt und einsatzbereit. Die Vorteile der Dachbegrünung liegen auf der Hand:

- Bindung von Feinstaub,
- Lebensraum für Insekten,
- positive Beeinflussung der Temperatur der Innenstädte,
- Wärmeschutz für Bauwerke im Sommer und
- Kälteschutz für Bauwerke im Winter.

Eine niederländische Stadt hat es vorgemacht: Über 300 Buswartehäuschen wurden in Utrecht mit einer Dachbegrünung versehen. Gerade in den Großstädten sollte jede Möglichkeit genutzt werden, um das extreme Aufheizen in den Sommermonaten zu mindern.

Auch im privaten Bereich sollten die Möglichkeiten mehr ausgeschöpft werden, egal ob Carport, Schuppen, Gartenhaus, Mülltonnenplatz oder das Haus selbst. Es wäre zudem ein wichtiger Beitrag zum Insektenschutz, denn hier ist dringend Handlungsbedarf angesagt.

Hauptbestandteil der traditionellen Dachbegrünung sind die Sedumarten, die entweder als vorgefertigte Matten oder mithilfe von Sedumsprossen die vorbereiteten Dächer begrünen können. Ich plädiere für artenreiche Bepflanzungen, die sich auf Dauer bestens bewährt haben.

▸ Dachbegrünung mit Kakteen

Pflegegänge sind eigentlich nur dazu da, unerwünschte Sämlinge von Gehölzen (Birken, Ahorn, Eschen, Weiden etc.) und stark versamende Pflanzen wie Löwenzahn zu entfernen. Technische Details zur Dachbegrünung sind hier nicht erwähnt, sie lassen sich bequem über das Internet besorgen bzw. in der Fachliteratur nachlesen.

Ich bin mir sicher: Dachbegrünung, in welcher Form auch immer, muss künftig deutlich stärker forciert werden.

Allium schoenoprasum – Schnittlauch
Dianthus – Polsternelke
Festuca ovina – Schafschwingel
Linum perenne – Staudenlein
Sedum acre – Mauerpfeffer
Sedum album 'Coral Carpet' – Rotmoos Mauerpfeffer
Sedum sexangolare – Milder Mauerpfeffer
Sedum floriferum 'Weihenstephaner Gold' – Polster-Sedum
Sedum spurium 'Album Superbum' – Teppich-Sedum
Sedum spurium 'Fuldaglut' – Teppich-Sedum
Sempervivum – alle Arten und Sorten (außer den großrosettigen) – Hauswurz
Satureja montana – Bergbohnenkraut
Thymus – alle Arten und Sorten – Thymian

▸ Semperviva sind Hungerkünstler.

► Auf Astern finden Pfauenaugen auch im Spätsommer noch Nahrung.

► Der Wiesensalbei zieht Weißlinge magisch an.

► Der Wiesenalant lockt den Distelfalter mit sattgelben Blüten an.

INSEKTENFREUNDLICHE STAUDEN

Die Mitteilung hatte Schockcharakter: Sollte der Insektenbestand tatsächlich, wie in den Medien berichtet, um 75 % zurückgegangen sein? Und dies fast unbemerkt in den letzten Jahren?

Egal, ob die Zahl stimmt oder vielleicht nicht ganz so hoch ist – eins steht fest: Gegensteuern müssen wir dieser Entwicklung in jedem Fall, denn Insekten sind nicht nur für den Obstbau von immenser Bedeutung. In Gesprächen mit Gartenfreunden zeigt sich, dass das Problem im Bewusstsein vieler Menschen angekommen ist. Nicht nur Gartenbesitzer, nein, jeder kann einen Beitrag zu diesem Thema leisten. Ob im Garten, auf der Terrasse oder auf dem Balkon: Insektenfreundliche Pflanzen – und hier spielen die Stauden eine große Rolle – warten auf ihren Einsatz.

Was Landwirte und Kommunen mit Blühstreifen praktizieren, lässt hoffen. Auch die zahlreichen Kleingartenanlagen tragen eine hohe Verantwortung, um ihre blühenden Oasen noch mehr auf Insektenschutz auszurichten. Auf einer Medienveranstaltung wurde ich gefragt, welchen Beitrag ich auf privater Ebene zu diesem Thema leisten würde. Punkten konnte ich mit der Tatsache, dass ich bereits einen artenreichen Gehölz- und Staudengarten betreibe, der vielen Insekten als Nahrungsquelle dient. Zudem habe ich die Pflanzenschutzmaßnahmen auf den Prüfstand gestellt und bemühe mich, ökologischen Pflanzenschutz zu betreiben. Nur bei invasionsartigen Überfällen kommen ganz gezielt konventionelle Pflanzenschutzmaßnahmen zum Einsatz. Nachholbedarf gibt es bei mir mit der Etablierung von Insektenhotels, die von einer Vielzahl von Insekten wie Wildbienen besiedelt werden, die sonst möglicherweise einen Bogen um den Garten machen würden. In meinem zweiten Garten habe ich einen Totholzhaufen angelegt, um Insekten und anderem Getier Brutplätze zu ermöglichen.

► Der Hummelschwärmer sucht seine Nahrung unter anderem auf Galegas.

Nicht nur in ihrer Funktion als Bestäuber sind Insekten unersetzbar. Stellen Sie sich nur einen Garten ohne Schmetterlinge und ohne das Summen von Hummeln und Bienen vor. Dazu kommen noch die vielen anderen Insekten, wie die Nachtfalter, die man selten oder nur auf den zweiten Blick wahrnimmt.

Vielleicht ist noch eine Fläche in Ihrem Garten frei für ein insektenfreundliches Beet bzw. Pflanzplätze für insektenfreundliche Pflanzen. Auch Gartenfreunde, Nachbarn und die eigene „Großfamilie" sollten bei diesem Bemühen einbezogen werden. Jeder Beitrag zählt!

▸ Der Muskatellersalbei wird gerne von Holzbienen angeflogen.

Greifen Sie den Insekten zuliebe zu der einen oder anderen der hier genannten Stauden:

Agastache	Duftnessel	alle Arten und Sorten
Alcea	Stockrose	nicht die der Parkserie
Aster	Aster	alle Arten und Sorten
Astrantien	Sterndolde	alle Arten und Sorten
Calamintha	Bergminze	alle Arten und Sorten
Centaurea	Flockenblume	alle Arten und Sorten
Cephalaria gigantea	Schuppenkopf	
Echinacea	Sonnenhut	alle Arten und Sorten
Echium vulgare	Natternkopf	
Echinops	Kugeldistel	alle Arten und Sorten
Eryngium	Edeldistel	alle Arten und Sorten
Helenium	Sonnenbraut	alle Arten und Sorten
Helianthus	Staudensonnenblume	alle Arten und Sorten
Knautia macedonica	Witwenblume	
Monarda	Indianernessel	alle Arten und Sorten
Nepeta	Katzenminze	alle Arten und Sorten
Oenothera	Nachtkerze	alle Arten und Sorten
Phlomis	Brandkraut	alle Arten und Sorten
Salvia	Salbei	alle Arten und Sorten
Sanguisorba	Wiesenknopf	alle Arten und Sorten
Sedum	Fetthenne	alle Arten und Sorten
Verbascum	Königskerze	alle Arten und Sorten

► Bitterwurz

► Goldflattergras

► Purpurglöckchen

► Hosta

► Japanische Wachsglocke

► Flaumfederfarn

► Staudenclematis

► Wiesenknopf

▸ Mittelmeer-Wolfsmilch mit Rotblättriger Berberitze.

MAI

Der schenkungsfreudigste aller Gartenmonate

Kapitel 6

GESCHICKT KOMBINIERT – MIT ROSEN ODER BLUMENZWIEBELN

STAUDEN ALS ROSENBEGLEITPFLANZEN

Für mich persönlich steht fest: Rosen ohne Begleitpflanzen auf Beeten und Rabatten sind nur halb so wirkungsvoll. Durch staudige Begleiter kommen sie erst richtig zur Geltung und können ihre Schönheit voll entfalten. Außerdem überbrücken Stauden blütenärmere Strecken wie die Zeit zwischen dem ersten und dem zweiten Rosenflor.

Als ich zum ersten Mal den berühmten Rosengarten in Mottisfont Abbey in England besuchte, war ich fasziniert von den mir nicht bekannten Rosen-Stauden-Kombinationen. Verschiedene Schafgarben und Fingerhüte sind mir damals besonders aufgefallen.

Ein weiterer Grund, den Rosen Begleitpflanzen zuzuordnen, ist die Reduzierung der Ansteckungsgefahr bei Pilzkrankheiten, die sich auf reinen Rosenbeeten schneller ausbreiten.

▸ Im Rosarium Sangerhausen wird Lavendel mit weißen Rosen kombiniert.

▸ Rosen mit Begleitstauden im Rosarium Sangerhausen

▸ Rosen mit Blaustrahlhafer

▸ Rosenstämme unterpflanzt mit Heiligenkraut

Bewährt haben sich als Hofstaat für die Königin der Blumen:

Achillea
Schafgarbe, besonders die neuen Sorten

Alchemilla
Frauenmantel – ein gewisser Abstand ist hier einzuhalten

Euphorbia seguieriana ssp. niciciana
Steppenwolfsmilch

Geranium
Staudengeranie, besonders die Arten – G.renardii, G. sanguineum 'Album', G. Hybride 'Rozanne'

Delphinium
Rittersporn – „Ritter der Rose", früh blühende Sorten

Digitalis
Fingerhut, besonders die weiß blühenden Sorten

Gypsophila
Schleierkraut

Nepeta
Katzenminze, vor allem großblumige Sorten

Origanum
Majoran, auch gelbblättrige Sorten

Lavandula
Lavendel – Substrat bei Pflanzung abmagern

Lychnis
Weiße Lichtnelke – überschüssige Sämlinge entfernen

Salvia
Ziersalbei, verschiedene Sorten

Santolina
Heiligenkraut, besonders die graulaubige S. chamaecyparissus

Stachys
Wollziest, besonders die Sorte 'Cotton Boll'

und die Gräser:

Calamagrostis
Gartenreitgras, zur Gliederung

Panicum
Kupferhirse, zum Auflockern

▸ Rosen werden von Salbei umrahmt.

▸ In guter Nachbarschaft: Glockenblumen, Geranien, Salbei und Rosen

▸ Die Steppenwolfsmilch – ein guter Partner für die Rose 'Golden Celebration'

► Allium bildet eine schöne zweite Ebene über Katzenminze und Frauenmantel.

GESCHICKT KOMBINIERT – MIT BLUMENZWIEBELN UND KNOLLEN

Blumenzwiebeln und Blumenknollen bringen vor allem in den Frühjahrsmonaten Farbe in den Garten. Viele Stauden spielen zu diesem Zeitpunkt nur eine Nebenrolle, da sie noch in der Entwicklung sind und erst ab Mitte Mai richtig in die Gänge kommen. Allerdings muss man sich genau überlegen, wo die Blumenzwiebeln und -knollen ihren Platz bekommen. Einige Arten neigen zum Wuchern, andere vermehren sich stark und kommen immer wieder – nicht unbedingt zur Freude des Gärtners.

Der Blütenreigen wird meist eröffnet von den **Winterlingen**, von denen mittlerweile einige Sorten angeboten werden. Welchen Standort man ihnen im Garten zuweist, sollte gut abgewägt werden, da ihr Ausbreitungsdrang sehr groß ist. Im Staudenbeet haben sie aus meiner Sicht nichts verloren, da der Neuaustrieb von Stauden durch das dichte Laubwerk, welches die Winterlinge nach der Blüte bilden, behindert wird. Vor und zwischen Gehölzen sind sie jedoch gut platziert und bieten den ersten Bienen Nahrung.

Anders sieht es mit den **Schneeglöckchen** aus. Sie können gut zwischen spät austreibende Pflanzen wie Hosta gepflanzt werden. Wertvolle Sorten sollten allerdings zunächst einen unbedrängten Platz zur Bildung von Tochterzwiebeln erhalten. Die großblumigen Schneeglöckchenarten und -sorten wie **Galanthus elwesii** haben es mir besonders angetan. Ihre Vermehrungsrate hält sich zwar in Grenzen, jedoch bleiben sie über viele Jahre standorttreu.

► Dieses großblumige Schneeglöckchen blüht etwa 14 Tage früher als das einfache Schneeglöckchen.

Kleine Blumen mit großer Wirkung

Viele Kleinblumenzwiebeln wie **Puschkinien**, **Blausterne** und **Schneestolz** können sparsam eingestreut gerade in Halbschatten- und Schattenpartien für Belebung sorgen. Sie dürfen den Stauden aber nicht zu sehr auf den Leib rücken – das kann durchaus passieren, wenn sie sich stark vermehren. Spätestens dann muss eingegriffen und der Zwiebelbestand reduziert werden.

Von den **Traubenhyazinthen** sollte man aus diesem Grund eher die Finger lassen. Nur in Bereichen in Sonne und Halbschatten, wo sie sich ohne andere Pflanzen zu bedrängen ausbreiten können, sind sie immer willkommen.

► 'Crocus chrysanthus' grüßt bereits zeitig im Jahr mit Blüten.

► Beliebte Kleinblumenzwiebeln sind die Puschkinien.

Die **Iris danfordiae** und die **Iris reticulata** brillieren im März und April. Zwischen Gräsern gepflanzt oder zwischen sich spät entwickelnden Stauden wie Bergminze sind es Blickpunkte im Garten. Ein gelegentliches Ergänzen der Zwiebelbestände ist anzuraten.

Von den Krokussen liebe ich besonders die Sorten der '**Crocus chrysanthus**'. Ich setze sie sparsam in Frühlingsbeeten und an Eckpunkten ein, wo sie ungestört viele Jahre blühen können.

Eine Gruppe **Märzenbecher** hat sich in meinem Garten neben einer Küchensalbei ihren Standort erobert. Scheinbar ohne Zuwachs zu machen, erfreut sie mich schon viele Jahre.

Auch die **Schachbrettblumen** sind standorttreu und prägen einen Platz in Nähe der Katzenminze. Wenn **Prärielilien** locker in die Staudenpflanzung eingestreut werden, beleben sie die Gartenszenerie im Mai. Ihre Soloauftritte in größeren Mengen habe ich im englischen Wisley Garden bewundert.

Für ein Frühlingsbeet in halbschattiger Lage empfehlen sich die verschiedenen Arten und Sorten vom **Hundszahn**. Auch diese vergänglichen Schönheiten, die sich nach der Blüte beizeiten wieder einziehen, behaupten seit Jahren ihren Platz in meinem Garten. Zwischen Farnen sind sie gut aufgehoben.

► Scilla sind zarte Frühlingsboten.

Narzissen als Blickfang

Eine Augenweide sind großblumige Narzissen. Die Vorliebe der Engländer für diese schönen Zwiebelgewächse offenbart sich bei einem Besuch der Insel Anfang April deutlich. Sie beherrschen nicht nur städtische Rabatten, sondern werden auch von ländlichen Gemeinden entlang der Straßen und Plätze gepflanzt. Hier wird ein richtiger Narzissen-Traum gelebt, von dem man ungern wieder aufwachen möchte.

Selbst im Rasen können Narzissen überzeugen. Dieser darf dann allerdings bis zu Beginn des Einziehens nicht gemäht werden. Das üppige Laub nach der Blüte wirkt deshalb eher störend. In einem englischen Garten hat eine findige Gartenfreundin die Blätter deshalb zu Zöpfen gebunden. Bei den anderen Teilnehmern der Gartenreise stieß diese arbeitsaufwendige Methode auf Begeisterung. Zwergnarzissen sind für Steingärten ideale Partner zu Polsterpflanzen.

► Großblumige Narzissen gehören nicht aufs Staudenbeet. Hier haben sie ihr eigenes Beet gemeinsam mit Tulpen.

▸ Schachbrettblumen wollen in Ruhe gelassen werden – bitte verzichten Sie auf Hacken und andere Bodenarbeiten.

▸ Lilien sind willkommene Partner im Staudenbeet, hier mit Gräsern kombiniert.

Echte Hingucker

Allium, und hier vor allem die hohen Arten und Sorten, ist eine ganz wichtige Gruppe der Blumenzwiebeln im Staudenbeet. Bereits ab Ende April thronen die Blütenkugeln über noch austreibenden Stauden und sorgen für Aufmerksamkeit. In meinem Garten bilden sie eine Ebene über der Katzenminze und dem Frauenmantel. Das störende Laub, welches schon frühzeitig vergilbt, wird zunächst durch das Austreiben der Stauden kaschiert. Später lässt es sich mit ein paar einfachen Handgriffen entfernen. Wenn die Zwiebeln sich stark vermehren, sollten die Gruppen nach dem Einziehen ab und an aufgenommen werden, um dann nur die größten ab September wieder zu pflanzen.

Für Steingärten gibt es eine Menge interessante **Zwerglauche**, deren Ausbreitung man jedoch immer im Auge behalten sollte.

Lilien lassen sich ebenfalls gut in Staudenrabatten integrieren. In meinem Schattengarten halten mehrere **L. auratum** schon seit Jahren neben Maiapfel und Hosta die Stellung. In der Sonne sind sie wichtige Farbgeber in Sommermonaten. Außerdem sind sie exzellente Schnittblumen.

Da sie lockeren Boden lieben, muss das Substrat alljährlich ergänzt werden. Einziger Wermutstropfen: Die Lilienfliege muss bekämpft werden, und zwar dann, wenn die Knospen erbsengroß sind. Ansonsten wird die Lilienfreude geschmälert, da sich nur wenige Blüten öffnen.

Für die spätere Blüte

Herbstzeitlose sind durch ihr kräftiges Blattwerk vom Frühjahr bis in den Juni hinein ziemlich präsent und man muss ihre Anwesenheit mögen. Vereinzelt in Staudenpflanzungen z. B. zwischen Blauschwingel eingestreut, können im September/Oktober schöne Gartenbilder entstehen.

Galtonien werden noch viel zu wenig in Staudenbeeten eingesetzt, obwohl sie stets eine Bereicherung sind. Die sogenannten Sommerhyazinthen blühen von Juni bis in den Spätsommer hinein und überstehen den Winter, wenn sie 15–20 cm tief eingepflanzt werden. Die **Riesen-Montbretien** haben vor allem durch die

► Die Riesen-Montbretie 'Lucifer' bringt Farbe ins Staudenbeet.

Sorte **'Lucifer'** Karriere im Staudenbeet gemacht. Ab Juli leuchten aus Gräserpflanzungen die großen roten Blütenrispen und begrüßen einen schon von Weitem. Leichter Winterschutz und gute Drainage sichern ihren Pflanzplatz auf Jahre.

Tulpen: Gerne in Gruppen

Tulpen sollte man in Gruppen pflanzen. Im Garten von June Blake in Irland durchsetzen wenige Sorten so die kompletten Staudenbeete – ein wunderbarer Anblick.

Die Pflanzung in Gruppen hat zudem den Vorteil der sortenreinen Entnahme. Ich kann nur empfehlen, moderne Sorten, die leider oft schnell abbauen, alle zwei Jahre vor dem Einziehen gegen Mitte Juni aufzunehmen. Das erspart Ärgernisse über die vielen Nichtblüher, die nur Blätter bilden und oft von Pilzkrankheiten befallen werden. Ausgenommen sind Wildtulpen, die länger am Standort verbleiben können. Auch Zwergtulpen für den Steingarten wie **'T. batalinii'** halten längere Zeit durch.

Ich leiste mir übrigens den Luxus, alljährlich neue Tulpenzwiebeln zu erwerben und diese bis Anfang Oktober zu stecken.

Als Fazit gilt:

Wer Blumenzwiebeln und -knollen in Staudenpflanzungen einsetzen möchte, sollte genau überlegen, welche Pflanzplätze man ihnen anbietet. Die Gefahr, sich zu verzetteln ist groß und Fehler rächen sich oft Jahre nach der Pflanzung, wenn sie unkontrolliert an irgendwelchen Stellen ihre Köpfe aus der Erde stecken, den optischen Eindruck stören oder sensible Stauden durch ungebremsten Ausbreitungsdrang in der Entwicklung behindern.

► Hohe Bartiris

► Pfingstrose

► Gefülltblühende Pfingstrose

► Ziersalbei

► Sedum – Blattschönheit

► Sonnenröschen in Orange

► Sonnenröschen in Weiß

► Steppenwolfsmilch vor der Blüte

Polsterpflanzen im Steingarten

JUNI

Staudenblüte aus dem Vollen …

Kapitel 7

PANASCHIERTE STAUDEN

PANASCHIERTE STAUDEN

Sie sind nicht jedermanns Sache. Einige Gartenfreunde meiden sie wie der Teufel das Weihwasser. Andere, wie der ehemalige Direktor der Gärten der Stiftung Weimarer Klassik, Jürgen Jäger, sammelt sie leidenschaftlich und damit ist er nicht allein. Die Rede ist von panaschierten Stauden. Panaschiert bedeutet, dass die Blätter nicht einheitlich grün gefärbt sind, sondern farbig gemustert, zum Beispiel grün mit einem weißen Rand oder gelben Flecken.

Auf meinen Gartenreisen in England traf ich viele Gartenfreunde mit einer Vorliebe für die grünweißen Blattkünstler. Diese Färbung der Blätter entsteht in der Regel durch Genmutationen. Wird eine solche Pflanze im Bestand entdeckt, lässt sich die Besonderheit über die vegetative Vermehrung weitergeben.

Für mich sind die panaschierten Stauden besonders für Schattenbereiche wichtig, da sie dort dunkle Ecken aufhellen können. Die Hosta mit einer großen Bandbreite von Panaschierungen sind hier vor allen anderen zu nennen, z. B. die Sorte **'Patriot'**.

Selbst über den panaschierten Giersch sollte man nicht die Nase rümpfen. In England habe ich ihn in Nobelgärten entdeckt, wo er tatsächlich ein Leuchtpunkt im Schattengarten war. Allerdings sollte diese ausbreitungsfreudige Pflanze im Topf eingesenkt werden, um das Wachstum zu kontrollieren. Im Garten von Jürgen Jäger wird der panaschierte Giersch als Beeteinfassung verwendet und zieht damit die Aufmerksamkeit von Besuchern auf sich.

Ob man sie nun liebt oder hasst, panaschierte Stauden sind aus unseren Gärten nicht mehr wegzudenken.

► In der weiß-blauen Kombination spielt das panaschierte Miscanthus sin. 'Variegatus' eine besondere Rolle, hier im Garten von Great Dixter (England).

► Das Salomonssiegel mit hellgrünen Blättern und weißen Rändern ist lange Jahre standorttreu.

► Mit der schönen Blattzeichnung besticht das Kaukasus-Vergissmeinnicht.

► Beim Purpurgünsel mit panaschierten Blättern finden sich Rot, Grün und Weiß an einer Pflanze.

► Die panaschierte Nachtviole ist ein sehr schöner, aber eher seltener Anblick.

AUSWAHL PANASCHIERTER STAUDEN:

Angelica archangelica 'Corinne Tremaine' .... Engelwurz
Arundo donax 'Variegata' .... Pfahlrohr
Astrantia major 'Sunningdale Variegated' .... Sterndolde
Brunnera macrophylla ‚'Dawson's Withe' .... Kaukasus-Vergissmeinnicht
Calamacrostis x acutiflora 'Overdam' .... Gartenreitgras
Carex morrowii ssp.foliosissima 'Icedance' .... Japan-Segge
Euphorbia martinii 'Ascott Rainbow' .... Buschwolfsmilch
Hesperis matronalis 'Variegated' .... Nachtviole
Hosta-Hybride 'Patriot' .... Funkie
Iris pallida 'Argentea Variegata' .... Schwertlilie
Iris pseudacorus 'Variegata' .... Sumpfschwertlilie
Knautia macedonica 'Thunder and Lightning' .... Witwenblume
Molinia caerolea 'Variegata' .... Pfeifengras
Miscanthus sinensis 'Morning Light' .... Chinaschilf
Miscanthus sinensis 'Variegatus' .... Chinaschilf
Polemonium reptans 'Stairway to Heaven' .... Jakobsleiter
Polygonatum x hybridum 'Striatum' .... Salomonssiegel
Phlox paniculata 'Nora Leigh' .... Flammenblume
Salvia officinalis 'Tricolor' .... Zier-Salbei
Sedum-Hybride 'Frosty Morn' .... Fetthenne
Thymus x citriodorus 'Silver Queen' .... Zitronen-Thymian
Vinca major 'Variegata' .... Immergrün
Yucca gloriosa 'Variegata' .... Palmlilie
Yucca filamentosa 'Golden Sword' .... Palmlilie

▸ Panaschierte Taglilien sieht man nicht oft. Hier stehen sie neben panaschiertem Giersch (rechts).

▸ Die panaschierte Yucca ist immer ein Blickfang.

► Sonnenhut

► Agavenblättrige Edeldistel

► Reiherstorchschnabel

► Rotblättriges Sedum

► Zottiger Ziest

► Taglilien und Lauch

► Kandelaber Ehrenpreis und Knöterich

► Wiesenknopf

► Sonnenauge

JULI

Dankbare Sommerblüher erfreuen das Auge

Kapitel 8

IN GUTEN HÄNDEN: PFLEGE UND VERMEHRUNG VON STAUDEN

„Meine Faustregel: Eine Staudenpflanzung sollte für mindestens zehn Jahre konzipiert sein und in dieser Zeit bei guter Pflege in ihrer Wirkung, vor allem der optischen, nicht nachlassen.“

STAUDENPFLEGE

Gute Planung sichert Pflanzerfolge

Einer gelungenen Staudenpflanzung liegt immer ein Pflanzplan zugrunde. Dieser sollte unter Beachtung der Boden- und Lichtverhältnisse am jeweiligen Standort sowie der Pflanzenvorlieben der Grundstücksbesitzer erstellt werden. Sind die eigenen Kenntnisse noch nicht ausgereift, lohnt es sich, professionelle Hilfe in Anspruch zu nehmen. Trotz anfänglicher Mehrkosten sparen Sie auf lange Sicht bei den Pflegeaufwendungen. Zudem wird die Wirkung einer Pflanzung von Beginn an gesteigert.

Ob Sie im Frühjahr oder Herbst pflanzen, bleibt Ihnen überlassen. Nur einige Stauden sollten zu Beginn des Gartenjahres gesetzt werden, da sie Zeit zum Anwachsen benötigen und Probleme haben mit einem baldigen Wintereinbruch. Sie können dann leicht hochfrieren und würden vertrocknen. Für diese Gruppe, zu der beispielsweise Fackellilien, Königsfarn und Schaublatt zählen, ist die Frühjahrspflanzung die bessere Variante.

Als Faustregel gilt: Die Frühjahrspflanzung kann je nach Witterung Mitte März beginnen und sollte spätestens Ende Mai enden, um den Frühjahrswachstumsschub mitzunehmen.

Stauden mit Topfballen können während der gesamten Saison gepflanzt werden – wenn die Wasserversorgung bei sommerlicher Trockenheit gewährleistet werden kann. Ich würde trotzdem auf eine Staudenpflanzung im Hochsommer (Juli/August) verzichten. Von Mitte September bis Mitte Oktober kann die Herbstpflanzung vorgenommen werden, da dann für die meisten Stauden noch genügend Zeit zum Anwachsen vor den ersten Frösten vorhanden ist.

In sechs Schritten zum gelungenen Staudenbeet

1. Bodenqualität verbessern: Bereits vor der Pflanzung entscheidet die Verbesserung der Bodenqualität sowie die Bodenbearbeitung über das weitere Schicksal der Stauden. Gerade nach vorausgegangener Bautätigkeit, bei der schwere Maschinen im Einsatz waren, muss der Boden tiefgründig gelockert werden und gegebenenfalls ein Bodenaustausch erfolgen. Ein Auffüllen mit Oberboden auf den „gequälten" Untergrund ist Augenwischerei und erzielt nur kurzfristig Wirkung.

2. Unkräuter entfernen: In jedem Fall sollten alle Wurzelunkräuter, wie Quecke, Giersch und Disteln, gründlich entfernt werden. Bei hartnäckigen Gesellen, wie Ackerwinde und Ackerschachtelhalm, ist nach dem Auskoffern des alten Bodens in ca. 30 cm Tiefe das Einbringen einer wasserdurchlässigen Unkrautdämmmatte vorteilhaft. Das spart auf lange Sicht Pflegeaufwendungen bzw. macht es überhaupt möglich, Staudenpflanzungen auszuführen.

3. Einkauf nach Plan: Die Erstellung eines Pflanzplanes ist wichtige Voraussetzung für den Erfolg einer Staudenpflanzung. Spontankäufe sollten vermieden werden.

4. Jeder Pflanze ihren Platz: Durch das Auslegen der Stauden für die Pflanzung auf die vorbereitete Fläche, schafft man sich einen Überblick. Mit Fokus auf die Wuchsleistung, die man im Hinterkopf haben sollte, lassen sich noch Korrekturen vornehmen. Bitte pflanzen Sie nicht zu dicht! Zwar ist die Wirkung in den ersten Jahren größer, später jedoch bedrängen sich die Pflanzen. Sie wachsen dann konkurrenzbedingt schwächer und die Strukturen der Pflanzen verwischen.

5. Ab in die Erde: Beim Pflanzen selbst muss der sich manchmal im Topf gebildete Wurzelfilz aufgerissen werden, um das Anwachsen zu erleichtern. Anschließend sollten die Pflanzen ordentlich gegossen werden.

6. Was zu tun ist: Nach der Pflanzung beschränkt sich die Pflege auf das Jäten von Unkraut, gelegentliches Bewässern, Düngung und den baldigen Rückschnitt alles Verblühten. Gerade im ersten Jahr der Pflanzung bewirkt der frühe Rückschnitt ein Bestocken der Stauden, kräftigt die Pflanzen und fördert den kommenden Durchtrieb.

Ab dem zweiten bzw. dritten Standjahr sollten sich die Pflanzenbestände geschlossen haben. Wenn versamende Stauden bzw. zweijährige Pflanzen wie Fingerhut mit in das Staudenbeet integriert wurden, ist Fingerspitzengefühl erforderlich, um Überbesatz zu vermeiden und die gewünschte Anzahl über die Jahre zu bringen. Lässt die Wuchsleistung und Blühbildung bei einigen Stauden nach, ist eine Teilung der Pflanzen sinnvoll. Beispielsweise ist bei den Kissenastern spätestens nach fünf Jahren eine Teilung und Neupflanzung in verbesserten Boden sinnvoll und bringt gute Erfolge.

▸ Das Sonnenauge, Heliopsis, muss ständig ausgeputzt werden, damit die Pflanze neue Blüten entwickelt.

Besonderheiten bei der Pflege von Pracht- bzw. Beetstauden

Prachtstauden sind meist Ergebnisse züchterischer Arbeit. Sie verlangen nährstoffreichen Boden, optimale Wasserversorgung und Pflege, wie ständiges Ausputzen bzw. Rückschnitt. Remontierende Stauden werden nach dem ersten Flor bodennah zurückgeschnitten, gedüngt, gewässert und kommen dann so in der Regel im September zu einer zweiten Blüte. Dazu zählen z. B. viele Ziersalbeiarten und -sorten.

Beim **Rittersporn** empfiehlt sich ein Rückschnitt handbreit über dem Boden. Das sollte schon nach Abblühen der Hauptrispe erfolgen, obwohl die Nebenrispen noch blühen. Lässt man die Nebenrispen zu Ende blühen, kann die Zeit zu kurz sein für die Pflanze, den erwünschten zweiten Flor im September zu bilden.

Beim hohen **Staudenphlox** praktiziere ich seit Jahren einen Trick, um die Blütezeit zu verlängern: Schon vor Erscheinen der Blütenknospe breche jede zweite Triebspitze in einer Länge von ca. 10 cm aus. Diese Triebe entwickeln dann später ihre Blüten und ich verlängere die Blütezeit so um einige Wochen.

Einige Stauden, wie das **Mädchenauge**, **Coreopsis**, müssen im Frühherbst komplett zurückgeschnitten werden, um ihre Vitalität zu erhalten.

► Dies ist der richtige Zeitpunkt, um den Salbei zurückzuschneiden, damit er noch einmal blühen kann.

► Tägliche Kosmetik ist Pflicht bei Taglilien. Brechen Sie die verblühten Blüten – zumindest bei den großblumigen Pflanzen – aus.

Winterfreuden

Sehr gut zu überlegen ist die Entscheidung, was schneide ich im Herbst zurück und welche Stauden lasse ich stehen. Die hohen Seda und Astilben gehören zu den „Winterstehern", das heißt, sie bieten eine wunderbare Bühne für Schnee und Raureif. Deshalb verzichten Sie bitte darauf, alle Stauden nach „Hausfrauenart" zurückzuschneiden – damit bringen Sie sich um Winterfreuden im Garten.

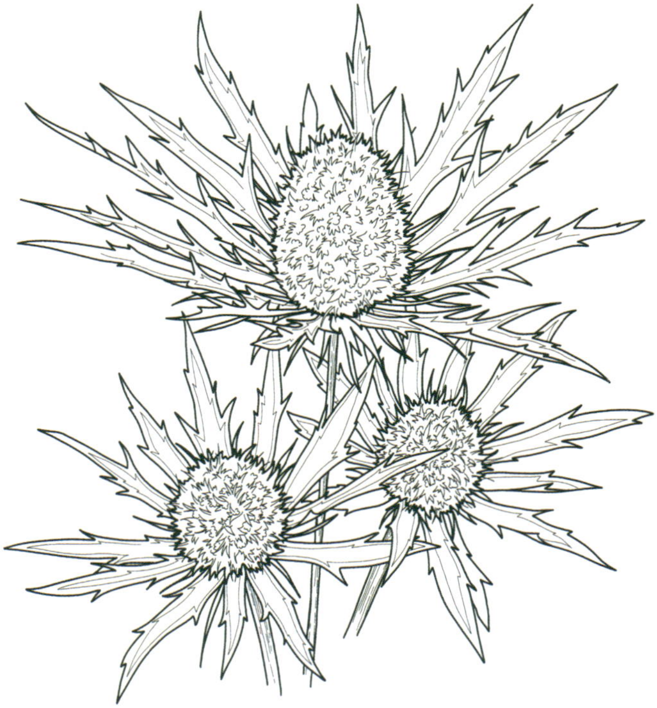

Wehret den Anfängen

In Sachen Pflanzenschutz kann nur empfohlen werden, die Pflanzen im Garten ständig zu kontrollieren und beim ersten Auftreten von Schädlingen schnell zu handeln.

► Vorher – nachher: Stachys ist unbedingt nach dem Winter auszuputzen, sonst sieht er sehr unschön aus.

► Das Laub der Epimedien sieht im Frühjahr zwar noch gut aus, trotzdem sollte man die Pflanzen mit der Heckenschere zurückschneiden, damit sich das braune (alte) Laub nicht mit dem grünen (neuen) mischt. Außerdem ist die Blüte dann besser zu sehen.

► Der Rückschnitt von Frauenmantel sollte bodennah erfolgen.

Besonderheiten bei der Pflege naturhafter Pflanzungen

Wichtig ist bei naturhaften Pflanzungen vor allem der Zeitraum von der Pflanzung bis zum Schließen der Pflanzenbestände bzw. bis zur Bildung einer geschlossenen Vegetationsdecke. Solange es noch offene Stellen gibt, macht sich gerne Unkraut breit. Dieses sollte rechtzeitig gejätet werden, bevor es Samen bildet.

Reich versamende Stauden sind einerseits zwar erwünscht, ihren kontrollierten Wuchs sollte man aber nicht außer Acht lassen, da sie sich ansonsten stark aussäen und bald die Pflanzung dominieren.

Viele Wildstauden mit Gräsern durchsetzt bilden anmutige, artenreiche Pflanzenszenerien, die zudem viele Insekten anziehen. Der Planungs- und Pflegeaufwand ist allerdings nicht geringer als bei einer konventionellen Staudenpflanzung. Soll die Pflanzung sich gut entwickeln, muss dem Wechselspiel der Stauden bzw. ihrem Verhalten in Vergemeinschaftungen unbedingt Rechnung getragen werden.

Pflanzung und Pflege von Gräsern

Die beste Pflanzzeit für Gräser ist zweifelsohne das Frühjahr. Dann haben sie genügend Zeit anzuwachsen, um dem ersten Winter zu trotzen. Gleichwohl lassen die Topf- und Containerkulturen eine Pflanzung während der gesamten Vegetationsperiode zu. In diesem Fall sollte in den Sommermonaten eine gelegentliche Bewässerung gewährleistet werden. Eine zu späte Pflanzung – zum Beispiel ab Oktober – nehmen vor allem Bambus und Pennisetum übel.

Was die Pflege angeht, sind Gräser wenig anspruchsvoll. Ein Mindestmaß an Pflege ist allerdings notwendig, um sie ins rechte Licht zu rücken und ihre Schönheit auf Dauer zu erhalten. Die arbeitsaufwendigste Pflegemaßnahme

► Iris werden im Juli/August geteilt und dann zurückgeschnitten, damit sie schnell neue Wurzeln bilden und gut anwachsen.

ist dabei der Rückschnitt im Frühjahr. Gerade bei älteren, hohen Gräsern beansprucht er Arbeitsleistung und Zeit. Dafür wachsen zurückgeschnittene Gräser dichter und üppiger, außerdem wird ihre Lebensdauer verlängert und sie sehen ansprechender aus, als wenn die alten, braunen Halme zwischen den neuen Trieben hervorschauen.

Sie sollten alle **hohen Gräser** bis spätestens Ende März bodennah, auf jeden Fall so tief wie möglich, zurückschneiden, damit die alten Halme den Neuaustrieb nicht behindern. Das gilt vor allem für Calamagrostis (Reitgras), Miscanthus (Chinaschilf), Monilia (Pfeifengras) und die Panicum (Hirsen).

Damit es wieder kraftvoll durchtreiben kann, sollte das **Lampenputzergras** im Frühjahr auf ca. 5 cm zurückgeschnitten werden.

Bei den **Seslerien**, den Kopfgräsern, schneidet man **S. heuffeliana** ordentlich zurück, damit die frühe Blüte sich gut entwickeln kann und zur Geltung kommt. Das spät im Sommer blühende **S. autumnalis** wird ausgeputzt und gegebenenfalls bis auf 50 % zurückgeschnitten.

Nach dem Winter sehen die **Blauschwingel (Festuca)** oft nicht gut aus und sollten entweder stark ausgeputzt oder geteilt werden. Der kniehohe **Atlasschwingel** wird ausgeharkt und leicht zurückgeschnitten, damit er wieder eine gute Figur im Gräser- oder Staudengarten macht.

Bei **Hakonechloa**, dem **Japangras**, genügt ein Aufnehmen der gelben Halme von Hand.

Bequem mit der Heckenschere lässt sich das **Japanische Blutgras** zurückschneiden.

Alle **immergrünen Gräser** werden durchgeputzt, das heißt, alles Abgestorbene wird entfernt. Ein genereller Rückschnitt ist nur nach strengen Wintern erforderlich. Da die **Waldschmielen (Deschampsia)** für ihr reiches Versamen bekannt sind, sollten sie nach dem Vergilben der Blütenstände zurückgeschnitten werden.

Pflege von Blattschmuckstauden

Blattschmuckstauden bauen meist ein großes Blattwerk auf, dafür benötigen sie einen ordentlichen Boden, ausreichende Bewässerung und regelmäßige Düngergaben. Gerade in Bereichen mit Gehölzdruck muss man jährlich Substrat auffüllen. Stellt man beim Austopfen zur Pflanzung einen zu dichten Wurzelfilz fest, wird es notwendig, den Topfballen aufzureißen, um die Wurzelbildung anzuregen. In der Regel genügt ein mehrmaliges Aufschlitzen des Topfballens mithilfe der Pflanzkelle.

Bei zusagendem Standort reduziert sich die Pflege bei den **Hosta** auf Schneckenbekämpfung, den Rückschnitt im Frühjahr sowie die jährlichen

Düngergaben im Frühjahr und gelegentliches Bewässern.

Für die **Papyrus-Sonnenblumen** reicht ein bodennaher Rückschnitt im Frühjahr. Da sie etwas „Futter" benötigen, um ihre riesigen Blattstrukturen aufzubauen, sollten Sie ihnen eine mineralische und organische Düngung in den Frühjahrsmonaten zukommen lassen.

Wollziest sieht nach nasskaltem Winterwetter oft wenig ansprechend aus. Wunder wirkt in diesem Fall ein durchgreifendes Ausputzen im Frühjahr. Verbunden mit einer Volldüngergabe erholt sich die Pflanze dann schnell. In regenreichen Sommermonaten kann ein Entfernen geschädigter Blätter erforderlich werden.

Die **Rodgersien** benötigen eine längere Anwachszeit nach dem Pflanzen. Bedingt durch ihre große Blattmasse sind sie dankbar für eine gute Wasser- und Nährstoffversorgung. Auch hier ist ein bodennaher Rückschnitt im Frühjahr wichtig. Wie bei Hosta und anderen Blattschmuckstauden schützt das alte Laub in den Wintermonaten.

Bei den **Silberkerzen** empfehle ich – besonders bei der August-Silberkerze – einen Rückschnitt der Samenstände im September. Bleibt dieser aus, können überall Sämlinge auftauchen.

Die **Elfenblumen** erfreuen uns den ganzen Winter über mit ihrem schönen Laub. Schneiden Sie dieses am besten mit der Heckenschere vor der Blüte zurück. Generell sind diese Stauden Wunder an Bedürfnislosigkeit, wobei die Sorte '**Frohnleiten**' hervorzuheben ist. Eine Volldüngergabe im Frühjahr reicht aus, um ihr Nährstoffbedürfnis zu decken. Stehen die Elfenblumen als Gehölzunterpflanzung unter Wurzeldruck, sollten Sie ihnen etwas Gutes tun und sie jährlich mit einer „Gartenerde" überziehen.

Die **Purpurglöckchen** sehen nach dem Winter oft zerzaust aus. Für schnelle Erholung sorgen ein Pflegeschnitt sowie Gaben von Dünger und Wasser. Entfernen Sie alle verblühten Blütenstände an der Basis, dann schieben die Pflanzen ständig neue Blüten nach. Da die Triebe an der Basis oft verkahlen, ist ein jährliches Auffüllen von Substrat notwendig.

▸ Anzuchtquartier in einer Staudengärtnerei

Staudenvermehrung

Wer sich intensiv mit dem Thema der Staudenvermehrung beschäftigt, kann viel Geld sparen. Früher oder später müssen auch Stauden verjüngt werden. Das ist spätestens der Fall, wenn sie deutlich im Wachstum und im Blühverhalten nachlassen. Bei kurzlebigen Stauden wie Lupinen oder Malven sind diese Termine fest einzuplanen.

Neben der Verjüngung der Bestände ist die passende Vermehrungsmethode wichtig, um generell zu größeren Pflanzenbeständen zu kommen. Das ist vor allem dann besonders attraktiv, wenn einzelne Pflanzen schwierig zu beschaffen sind oder in der Anschaffung hohe Kosten verursachen.

Außerdem ist es schön, wenn in der eigenen „Kinderstube" Pflanzen darauf warten, verschenkt zu werden.

Vegetative Vermehrung

Die Vermehrung der Stauden kann auf zwei verschiedene Arten durchgeführt werden. Die wichtigste Art, zumindest für den Hausgebrauch, ist die vegetative Vermehrung. Hierbei ist die Teilung der Pflanzen die einfachste und schnellste Methode. Sie sollte in den Frühjahrs- und den Herbstmonaten erfolgen. Wenn größere Teilstücke verwendet werden, entwickeln sich innerhalb kurzer Zeit wieder vollwertige Pflanzen. Die Gräservermehrung beispielsweise funktioniert durch Teilung völlig unkompliziert.

Wo die Teilung nicht möglich ist, weil beispielsweise nur eine Hauptwurzel vorhanden ist, können Stecklinge (Kopf- und Teilstecklinge) entnommen werden. Vom Lavendel bis zum hohen Staudenphlox, die Vermehrung durch Stecklinge kann sehr effektiv sein.

► Jungpflanzen von Waldsteinia ternata

Im Frühjahr schneidet man grundständige Stecklinge von Stauden, die später hohe Stängel ausbilden, z. B. Rittersporn. Als Substrat kann ein Torf-Sand-Gemisch dienen. Gartenerde bzw. Kompost sollte keineswegs allein verwendet werden.

Jeder Gartenfreund, der sich mit der Vermehrung intensiv beschäftigt, wird früher oder später ein Gefühl dafür entwickeln, wann die beste Zeit zum Schneiden von Stecklingen ist. Mittel um die Bewurzelung zu forcieren, gibt es mittlerweile in jedem Gartenmarkt.

Durch Wurzelschnittlinge lässt sich der hohe Staudenmohn vermehren. Bei Yuccas werden die daumenstarken Rhizome zur Vermehrung herangezogen. Viele Steingartenpflanzen und Polsterpflanzen, wie Saxifragen, können noch im Spätherbst durch sogenannte Winterstecklinge bzw. Risslinge vermehrt werden.

Der Besuch von Staudengärtnereien, die im größeren Stil Stauden vermehren, gibt Anregungen über die verschiedenen Vermehrungsmethoden.

Generative Vermehrung

Die generative Vermehrung von Stauden ist die zweite Möglichkeit der Vermehrung von Stauden. Besonders reine Pflanzenarten werden über Samen vermehrt. Hierbei empfiehlt es sich, die gekaufte Aussaaterde mit Sand abzumagern, also nährstoffarmer zu gestalten.

Das Saatgut sollte immer von gesunden, kräftigen Pflanzen entnommen und dann getrocknet werden. Über Samenkataloge oder Saatguttausch mit Freunden und Bekannten kann das gewünschte Saatgut beschafft werden.

Wer sich mit der Aussaat von Stauden beschäftigen will, muss die unterschiedlichen Bedingungen bzw. Ansprüche der Arten genau studieren. So gibt es Licht-, Dunkel- und Kalt-

▸ Die Euphorbien haben sich gut entwickelt und können bald ins Beet umziehen.

keimer. Kaltkeimer benötigen zur Keimung meist eine Kälteperiode von acht Wochen. Diptam, ebenfalls ein Kaltkeimer, benötigt allerdings oft mehr als eine Vegetationsperiode zur Keimung. Selbstaussaaten sind auch möglich, nur darf dann keine Bodenbearbeitung durchgeführt werden.

Wenn die Samen keimen, wird meist nach dem Erscheinen des zweiten Blattpaares pikiert. Dafür ist viel Fingerspitzengefühl erforderlich. Zufallssämlinge erfreuen mich ständig, vor allem in den Fugen meines Granitpflasters. Ob Hauswurz, Purpurglöckchen, Glockenblumen, Spanisches Gänseblümchen, selbst Pflücksalat oder Bohnenkraut: Sie scheinen sich hier sehr wohlzufühlen.

Es ist immer wieder atemberaubend, wie schnell sich Pflanzen aus Samen entwickeln.

Wenn von Saatgut die Rede ist, fällt mir eine Geschichte ein, die der Staudengärtner Eugen Schleipfer in Neuseeland erlebt hat. Er hatte sich einen Hubschrauber gemietet, um von unwegsamen Anhöhen Samenkapseln einer dort heimischen Art zu ernten. Im Hotelzimmer breitete er diese zum Trocknen aus. Das Unglück kam über Nacht. Die meisten Samenkapseln waren aufgeplatzt und aus dem Inneren drängten Hunderte von Käfern ins Freie und belagerten sein Hotelzimmer – eine Szene wie aus einem Horrorfilm.

In der Gärtnerei von Karl Foerster hatte ich ebenfalls ein unangenehmes Erlebnis. Bei einer Rollstuhltour durch die Gärtnerei bat mich Karl Foerster, Samen von einer Reihe Helenium (Sonnenbraut) zu sammeln. Ich tütete diese ein und befeuchtete den Klebefalz der Tüte mit dem Finger, mit dem ich vorher die Samen erntete. Es waren jedoch so viel Bitterstoffe im Samen, dass meine Zunge danach ganz taub war. Ich verspürte nie wieder das Bedürfnis, Ähnliches zu tun.

► Oktober-Sonnenhut

► Fackellilie

► Goldrute

► Bergaster mit weiß blühendem Sedum

► Mädchenauge

► Oregano

► Scheinaster mit Japangras

► Staudensonnenblume

► Skabiose

AUGUST

Gelb blühende Stauden beherrschen die Szenerie im Hochsommer

Kapitel 9

DER STEINGARTEN EINMAL ANDERS

► Außergewöhnlich ist diese Steingartenvariante mit großen Schieferplatten, die im egapark gezeigt wurde.

► Brno: Auf schiefen Ebenen wurden Tuffsteinblöcke verteilt.

DER STEINGARTEN EINMAL ANDERS

Schaut man sich auf den Landes- und Bundesgartenschauen der vergangenen Jahre um, so wird man Anlagen vermissen, die einmal deutlich stärker im Fokus der Gartenfamilien standen – die Steingärten. In vielen botanischen Gärten sieht man das traditionelle Alpinum jedoch noch, die Heimstatt für unsere alpinen Pflanzen. Im Laufe meines Gärtnerlebens habe ich mir zahlreiche dieser Anlagen angesehen, sowohl in botanischen Gärten als auch in größeren Parkanlagen. Dabei gab es immer interessante Pflanzen mit eindrucksvollen Blüten und schönen Blattpolstern zu bewundern. Das Umfeld mit den Steinsetzungen, der Art der Bepflanzungen und der Wegeführung fand ich jedoch oft langweilig und nicht dazu geeignet, die vom renommierten Staudengärtner Karl Foerster beschriebenen „Freudenfeuer" in meinem Gärtnerherz zu entzünden.

Das änderte sich erst Anfang der 80er-Jahre, als ich nach Tschechien reiste und den neuen Botanischen Garten Brno (Brünn) besuchte. Dort sprang der Funke über, mit Steinen und Pflanzen einmal anders zu arbeiten und die Faszination ge-

► Viel Handarbeit: Josef Holzbecher beim Anlegen eines Steingartens.

► Brno: Zwischen den hochkant aufgestellten Granitplatten kommt Schiefer zum Einsatz.

► egapark 1: Steingarten mit Travertintuff

► egapark 2: Steingarten mit Schiefer

stalterischer Möglichkeiten erlebbar zu machen. Alpine Pflanzen wurden in komplett neuer Art und Weise präsentiert. Das ist vor allem dem renommierten Gartenarchitekten Ivar Otruba und dem Pflanzenspezialisten Josef Holzbecher zu verdanken. Die Ansprüche der Pflanzen standen dabei zwar im Vordergrund, aber die gestalterische Wirkung der Anlage spielte eine fast genauso wichtige Rolle. Ob aufgeständerte Tuffsteine, beidseitig bepflanzte Tuffsteinwände, auf schiefen Ebenen gelagerte Tuffsteine – diese Art der Steinverwendung war anders und lud zum Nachahmen ein.

Alpine Pflanzen wachsen wie im Hochgebirge gern in Felsspalten. Waagerecht und senkrecht geschichtete Schieferplatten ahmen diesen Lebensraum erfolgreich nach. Hier lassen sich auch kleine Überstände schaffen, die wärmeliebenden Alpinen, die Probleme mit Winterfeuchtigkeit haben, optimale Pflanzplätze bieten.

Die Fotos auf der vorigen Doppelseite zeigen beeindruckende Steingartenanlagen, unter anderem aus dem neuen Botanischen Garten Brno. Mithilfe tschechischer Freunde, Steingartenspezialisten aus Prag und Brno, entstanden temporäre Beispielanlagen von Steingärten im egapark in Erfurt. Ziel war es, den Besuchern Anregungen für gut gestaltete Steingartenanlagen im Hausbereich zu geben und damit Chancen für eine ganzjährige Erlebbarkeit.

Wie in der Bilderfolge auf dieser Seite dargestellt, entstanden im egapark drei Beispielanlagen unter Verwendung von Schiefer, Kalkstein und Travertintuff.

► egapark 3: Steingarten mit Kalkstein

► Im Mai ist Hochzeit der Blüte der Polsterpflanzen im Steingarten.

Tipps für das Anlegen eines Steingartens

Steingärten sind auch für kleinere Gärten interessant, da sie durch ihre entsprechende Höhenstaffelung ein Vielfaches an Pflanzplätzen bieten als ein ebener Garten. Unabhängig von der Gartengröße, sollten Sie aber einige Gestaltungsgrundsätze beachten, um dauerhafte Gartenfreuden zu erzielen:

1. Beschränken Sie sich bei der Auswahl der Steine möglichst auf eine Gesteinsart und verarbeiten Sie kein „Sammelsurium".

2. Die Verwendung von Steinen unterschiedlicher Größe ist wesentlich wirkungsvoller als eine Ansammlung gleich großer Steine, besonders wenn Steingruppen geplant werden.

3. Informieren Sie sich vor Beginn der Gestaltung über Beispielanlagen und werfen Sie ruhig einen Blick in die Fachliteratur. Der beste Lehrmeister ist allerdings die Natur, denn bei Wanderungen im Gebirge kann man sich einiges „abgucken". Das trifft vor allem auf die Steinsetzung und die Ausarbeitung schmaler Fugen zu.

4. Aus Kostengründen für Transport und Ähnliches ist es ratsam, Steine von einem in der Region ansässigen Steinbruch zu beziehen. Alternativ können Sie auf Anbieter von Natursteinen, Ga-La-Baufirmen und Gartenmärkte zurückgreifen, die ebenfalls eine Auswahl an Steinen bereithalten. Bei der Steinsetzung ist das Ausformen schmaler Fugen Voraussetzung für das optimale Wachstum vieler alpiner Pflanzen. Viele Alpine legen Polster und Rosetten auf Steine. Sie nutzen die Wärmerückstrahlung und dringen mit ihren Wurzeln oft tief in den Untergrund ein.

Tipp: Vermeiden Sie unbedingt eine zu enge Bepflanzung, auch wenn der Anblick anfänglich oft nicht ganz perfekt erscheint. Wer etwas Geduld hat, wird reich belohnt, denn alpine Pflanzen füllen den Platz in kurzer Zeit mit ihren Blattrosetten (z. B. Steinbreche oder Semperviva) aus und wachsen gern über Stein- und Felsränder (Thymian, Glockenblumen etc.).

Besonderheiten bei der Pflege von Steingartenpflanzen

Wie bei anderen Pflanzungen auch ist die Wahl des richtigen Standortes entscheidend für eine erfolgreiche Kultur. Im Steingarten sollten Sie keinesfalls einfach nur Gartenerde oder Oberboden verwenden. Ein Abmagern mit grobem Sand unter Beimischung verschiedener mineralischer Bestandteile, wie Lavagrus Schiefersplitt oder Granitsplitt, fördert die Entwicklung alpiner Pflanzen. Nach der Blüte, die immer sehr üppig ausfällt, dient ein Rückschnitt der Festigung der Blattpolster. Ein gutes Beispiel dafür sind immer wieder die Polsternelken.

Bei den Saxifragen können einige samentragende Stiele stehen gelassen werden, die sich dann im Umfeld aussäen – etwas, das ich persönlich immer gern sehe.

Steingartenpflanzen müssen in der Regel nicht gedüngt werden. Nach der Pflanzung ist eine Abdeckung des Substrates mit den genannten mineralischen Materialien wie Lavagrus vorteilhaft. Damit wird nicht nur den Bedürfnissen der alpinen Pflanzen Rechnung getragen, sondern auch der ästhetische Eindruck gesteigert. Bei sommerlichen Trocken- bzw. Hitzeperioden genügt ab und an ein durchdringendes Wässern. Viele alpine Pflanzen sind in der Lage, Trockenperioden gut zu überstehen.

► Als Tischbeet wurde hier ein Miniatursteingarten gestaltet.

Tischsteingarten: Als eine weitere Möglichkeit auf kleiner Fläche mit vielen Pflanzplätzen empfiehlt sich der Tischsteingarten. Besonders ältere und behinderte Gartenfreunde können die notwendigen Pflegemaßnahmen leicht durchführen.

Empfehlenswerte Auswahl von Steingartenstauden:

Botanischer Name	Name
Acantholimon glumaceum	Igelpolster
Androsace sarmentosa	Mannsschild
Antennaria dioica	Katzenpfötchen
Armeria juniperifolia	Zwerggrasnelke
Azorella trifurcata 'Minor'	Andenpolster
Campanula poscharskyana	Hängepolster-Glockenblume
Carex firma	Polstersegge
Dianthus gratianopolitanus u. a. Kleinpolstrige	Polsternelke
Helianthemum nummularium	Sonnenröschen
Inula ensifolia 'Compacta'	Zwergalant
Phlox duglasii i.S.	Polsterphlox
Potentilla nitida	Fingerkraut
Saponaria 'Bressingham Pink'	Polsterseifenkraut
Saxifraga paniculata	Rispensteinbrech
Sempervivum i. A.u. S.	Hauswurz
Silene acaulis	Stängelloses Leimkraut
Thymus praecox var. pseudolanuginosus u. a. A. u.S	Woll-Thymian
Veronica caespitosa	Ehrenpreis

▸ Verschiedene Thymiane und Nelken bilden eine bunte Mischung im Steinbeet.

REIZVOLL: EIN MINIATURSTEINGARTEN

Wer einen Steintrog bepflanzt, kann durchaus ins Schwitzen geraten. Aber der Einsatz lohnt sich! In unserer Schritt-für-Schritt-Anleitung zeige ich Ihnen, wie Sie einen Natursteintrog so bepflanzen, dass er Ihnen langjährige Freude garantiert.

1. Ganz wichtig ist das Bohren eines oder mehrerer Abflusslöcher in den Trog. Darüber werden Topfscherben geschichtet, um ein Verstopfen und damit Staunässe zu verhindern.

2. Darüber wird eine etwa 5 cm hohe Dränageschicht aus Lavagrus, Blähton oder Blähschiefer gefüllt. Diese dient der besseren Wasserableitung.

3. Über die Drainageschicht wird ein Vlies gelegt, um das Vermischen mit dem Substrat und nachfolgendes Verschlämmen zu verhindern.

4. Das vorbereitete Substrat (Vorschlag: 2/3 einer guten Kübelpflanzenerde und 1/3 scharfen Sand) wird nun in den Trog gefüllt, wobei in der Mitte ein kleiner Hügel modelliert wird (4 a). Dann werden die ausgewählten Steine so gesetzt, dass sie ideale Pflanzplätze sowohl für Zwerggehölze als auch für die alpinen Pflanzen bieten (4 b). Darüber hinaus ist natürlich die optische Wirkung zu berücksichtigen.

5. Zwerggehölze werden zuerst gepflanzt, da sie den Rahmen bilden. Die Wurzelballen werden dabei geringfügig verkleinert und Wurzelfilz entfernt.

6. In die Fugen und die Trogränder werden dann die für die weitere Bepflanzung vorgesehenen Alpinen zunächst ausgestellt.

Jetzt ist der richtige Zeitpunkt, um noch einmal die Wuchseigenschaften der Pflanzen zu überdenken und eventuell Veränderungen in der Anordnung vorzunehmen. Bei der Pflanzung reduziere ich die Wurzelballen in der Regel um fast 50 %. Dadurch wird das Anwachsen erleichtert und die Pflanzen können gut in Fugen oder Steinzwischenräume gedrückt werden.

7. Der Trograndund die Steine werden mit einem weichen Besen von Substratresten befreit. Eine dünne Abdeckung der Zwischenräume mit Gesteinssplitt der verwendeten Gesteinsart oder Lavagrus sieht nicht nur ansprechend aus, sondern ist ein perfekter Verdunstungsschutz. Zudem speichern Splitt oder Lavagrus tagsüber Wärme und geben sie nachts an die Pflanzen ab – ideal für viele Pflanzen des Hochgebirges. Anschließend wird vorsichtig angegossen, der Gesteinssplitt verhindert ein Ausspülen des Substrates. Ich empfehle Gesteinssplitt oder Lavagrus übrigens auch zur Abdeckung von Kübelpflanzen im Topf.

Tipp: Balkonkästen, die aus winterfestem Material (kein Kunststoff) gefertigt wurden, eignen sich ebenfalls gut für dauerhafte Bepflanzungen. Einen Versuch ist es allemal wert, sich von der saisonalen Bepflanzung zu trennen und stattdessen auf etwas zu setzen, das sich das ganze Jahr über sehen lassen kann und so Leben auf Balkon und Terrasse bringt.

Fotos: Landlust

► Herbstanemone

► Bergaster

► Goldhaar-Aster

► Mädchenauge

► Weidenblättrige Sonnenblume

► Zottiges Silberglöckchen

► Lampenputzergras

► Sedum

▸ Pampasgras

SEPTEMBER

Hochzeit der Gräser

Kapitel 10

EINGETOPFT – FLEXIBLE ARRANGEMENTS IN TÖPFEN

► Bei der Gestaltung von Stauden in Töpfen setzt der englische Schaugarten Great Dixter für mich Maßstäbe. Die im Jahresverlauf wechselnden Arrangements sind nie langweilig.

EINGETOPFT – FLEXIBLE ARRANGEMENTS IN TÖPFEN

Der Ort, an dem Stauden am besten in Töpfen präsentiert werden, ist für mich nach wie vor der Garten von Great Dixter in Südengland. Es ist sicherlich auch im Sinne des englischen Gartenexperten und Buchautors Christopher Lloyd (1921 – 2006), der Great Dixter zu dem gemacht hat, was es heute ist, ungewöhnliche Kombinationen von Stauden nicht nur in den Rabatten, sondern auch in Töpfen den Besuchern nahezubringen.

Wer Great Dixter zu verschiedenen Jahreszeiten besucht, wird im Topf-Arrangement Veränderungen wahrnehmen. Es gibt also offensichtlich Vorhalteflächen mit einer Art Reserve, um Pflanzen auszutauschen, wenn ihre Blühleistung bzw. der Blattschmuck nachlässt. Das ist auch eine gute Idee für zu Hause, wo man mit den Töpfen mobil ist und immer wieder neue Bilder schaffen kann.

► Töpfe müssen nicht immer auf dem Boden stehen. Semperviva machen sich wunderbar in kleinen Pflanzgefäßen auf einem alten Holztisch. Verwenden Sie beispielsweise aussortierte Töpfe oder Kannen, um dem Ganzen einen besonderen Charme zu verleihen.

Zur Pflege

Umtopfen: Einige Stauden wie Hosta können viele Jahre lang ohne Umtopfen in Pflanzgefäßen kultiviert werden. Bei anderen Stauden, wie den hohen Gräsern, ist gelegentliches Umtopfen einzuplanen.

Im Winter: Winterschutz ist nur bei Dauerfrost und längerem Absinken der Temperaturen unter - 5 °C notwendig. Stauden in Töpfen können dann problemlos zusammengestellt und mit einer Laubschütte etwas über Topfhöhe versehen werden.

Düngung: Langzeit- bzw. Flüssigdünger sorgen während der Vegetationsperiode für Nährstoffnachschub. Ein strukturstabiles Substrat, wie eine gute Kübelpflanzenerde sollte für Stauden in Töpfen bevorzugt werden vor einfacher handelsüblicher Blumenerde.

▸ Hosta machen sich sehr gut in Töpfen, vor allem in Begleitung von höheren Stauden.

► Der perfekte Topfgarten

► Berberitze, Eisenhut und Chinaschilf

► Blick in den Garten Schöne

► Hamamelis im Staudenbeet

► Hosta in Herbstfärbung

► Sedum mit Blauschwingel und Lavendel

► Lavendel und Pfingstrose

► Gräser und Pfingstrosen

► Salbei und Rutenhirse

► Oktoberstimmung mit Eisenhut

OKTOBER

Herbstfärbende Stauden blasen zum großen Finale des Gartenjahres

Kapitel 11

PFLANZENKOMBINATIONEN VON FREUNDEN

▸ Teich mit Alpinum, im Vordergrund fühlen sich Phlox, Heliopsis und Monarden in Gemeinschaft wohl.

Naturnah – der Garten von Karl Wienke

Der renommierte Suhler Gartenarchitekt Karl Wienke plant im Alter von inzwischen fast 90 Jahren immer noch Gärten. In seinem eigenen grünen Paradies bekommt die Natur etwas Gestaltungsspielraum, darf der ein oder andere Sämling auch mal stehen bleiben.

▸ Gut passen hier Aster umbellatus und Helenium (rechts) zusammen.

▸ Gräser mit Wildstauden kombiniert, eine eindrucksvolle, naturhafte Pflanzung.

► Eisenhut bildet mit Rosa Mädesüß eine harmonische Einheit.

► Fast Ton in Ton kommen Bergenien, Miniaturtaglilien und Gelbblättriges Carex daher.

Ruth Bredenbeck – meine Lieblingskombinationen

Ruth Bredenbeck leitet die GartenAkademie-Thüringen. Sie ist Gartenbauingenieurin – und studierte Theologin. In ihren Workshops gibt sie nicht nur „grünes“ Fachwissen weiter, sondern lässt unter anderem auch Hintergründe zu christlichen Traditionen einfließen.

► Ein Hingucker ist diese Pflanzung mit Kandelaber-Ehrenpreis, Monarden, Blutweiderich und Schafgarbenmargerite.

► Die sehr langlebigen, aber relativ kurz blühenden Pfingstrosen werden von Storchschnabel und Salbei perfekt umrahmt.

► Salbei, Schafgarbe und Steppenwolfsmilch überzeugen hier.

Claus Heuvemann – auf gute Nachbarschaft im Staudenbeet

Claus Heuvemann ist Landschaftsarchitekt und Technischer Leiter des Botanischen Gartens und des Aromagartens der Uni Erlangen. Vorher war er lange Jahre Parkleiter des Erfurter egaparkes.

► Kugeldistel, Wolfsmilch und Fette Henne ertragen Trockenheit und Hitze sehr gut und bilden einen tollen Herbst- und Winteraspekt.

Josef Holzbecher – alpine Stauden, die begeistern

Josef Holzbecher war rund 20 Jahre lang der technische Leiter des Botanischen Gartens in Brno. Zusammen mit seiner Frau Eva betreibt er seit 30 Jahren eine auf alpine Pflanzen spezialisierte Staudengärtnerei in Tschechien.

► In Patagonien (Zeballos) entstand diese Aufnahme. Oreopolus glacialis, Oxalis adenophylla und Viola auricolor setzen bunte Blickpunkte in der kargen Steinlandschaft.

► Wunderbar bepflanzt ist dieser Trog mit verschiedenen Alpinen.

► In dieser Trockenanlage gedeihen Aethionema grandiflorum, Acantholimon und diverse Dianthus.

Beeindruckende Gartenbilder bei Stefan Greyn

Stefan Greyn ist Gartentechniker und großer Gartenfan. In seinem bezaubernden Garten an der holländischen Grenze kombiniert er satte Farben und unterschiedliche Strukturen zu beeindruckenden Pflanzbildern.

▸ Euphorbia characias asp. wulfenii bildet hier den Rahmen für eine Hosta „Halycon", die in einer Amphore wächst. Im Hintergrund eine „Walze" einer Kletterrose mit rosafarbenen Blüten.

▸ Kornblumen, Zierlauch, Mohn und Iris bilden hier eine farbenfrohe Kombination.

▸ Hinter dem Buchs blühen Allium und weiße Pfingstrosen.

▸ Das professionell gestaltete Kiesbeet in sonnig-trockener Lage befindet sich in den Weihenstephaner Sichtungsgärten. Es leuchtet heiter in den Farben des Sommers. Neben den „Edeldisteln“ (Eryngium planum, E. giganteum) bestimmen die weißen Dolden des Bergfenchels (Seseli montanum) und trübrote, gestielte Kugeln von Allium sphaerocephalon das Pflanzbild.

Prof. Wolfgang Borchardt – sorgfältige Planung für maximale Wirkung

Prof. Wolfgang Borchardt hatte rund 17 Jahre die Professur für Pflanzenkunde und Pflanzenverwendung an der Fachhochschule Erfurt inne. Er hat bereits zahlreiche Bücher zu verschiedenen Gartenthemen herausgegeben.

▸ Das Wechselspiel der Pflanzen mit dem Garteninterieur ist wichtig. In dieser Planzung im Halbschatten wird das Zinkgrau der Gartengeräte aufgegriffen, in den kühlen Farben der umgebenden Pflanzen, z. B. Hosta, wiederholt und differenziert.

▸ Wer überall gegen das antritt, was frei wachsen will, raubt nicht nur der Pflanze den Habitus, wegen dem wir sie eigentlich gepflanzt haben. Es verliert auch einer der spannendsten Gegensätze, die wir im Garten erleben können – der zwischen dem Gebauten und dem Gewachsenen, zwischen Disziplin und Spontanität. Eine sorgfältige Pflanzenauswahl sorgt dafür, dass die Proportionen dauerhaft stimmen. Frauenmantel wurde hier gut in Szene gesetzt.

▸ Bambus

▸ Bergenien

▸ Felsenteller

▸ Dalmatinischer Storchschnabel

► Erster Frost im November

NOVEMBER

Auch im November gibt es im Garten viel zu entdecken

Kapitel 12

STAUDEN AUF GARTENREISEN

STAUDEN AUF GARTENREISEN

Als ich 1995 meine erste Gartenreise als botanischer Reiseleiter nach England begleitete, war das sprichwörtlich der Sprung ins kalte Wasser. Die Fülle an Stauden, Gehölzen und Blumenzwiebeln, die dank des Golfstroms Eingang in Englands Gärten fanden, war einfach umwerfend. So wurde ich mit vielen Pflanzen konfrontiert, die ich bisher nur aus Büchern oder als Kübelpflanzen kannte. Obwohl ich im Staudenbereich ganz gut unterwegs war, zeigten mir die Gärten von privaten Pflanzenliebhabern damals schon Grenzen auf.

Seitdem habe ich auf mehr als 50 Gartenreisen eine Menge dazugelernt. Mit Fragen werde ich von den Mitreisenden förmlich überschüttet. Die erste Frage überhaupt, die mir im Manor House in Upton Grey im Garten von Mrs. Wallinger gestellt wurde, werde ich wohl nie vergessen. Es war die nach der sehr auffälligen Pfeiffenstrauchsorte 'Belle Etoile', welche stark duftend und mit großen weißen Blüten mit purpurfarbenem Basalring aufwartete. Ich muss gestehen, dass ich auf Anhieb keine Antwort wusste und erst einmal abends in Ruhe ein Fachbuch zurate ziehen musste, um die korrekte Bezeichnung zu finden. Vergessen werde ich diese Pflanze allerdings nie, zumal ich mir dieses schöne Gehölz später auch in meinen Garten geholt habe und seitdem zur Blütezeit buchstäblich durch Duftwolken schreite.

Mittlerweile sind mir englische Gärten und Parkanlagen durch weit über 30 Gartenreisen auf die Insel vertraut und von Südengland bis nach Northumberland hatte ich das Glück, in englische Gartenparadiese einzutauchen. Viele Gärten habe ich etliche Male besucht, was alles andere als langweilig ist. Das ist der unterschiedlichen Besuchszeit im Jahresverlauf geschuldet und der Tatsache, dass sich die Gärten bei jedem neuen Besuch anders präsentieren. Die Dynamik eines Gartens, vor allem großer Anlagen, ist so stark, dass nie derselbe Garten – selbst zur gleichen Jahreszeit – besucht wird. Die Veränderungen sind mir besonders im Schaugarten der Royal Horticultural Society (RHS) in Wisley bewusst geworden, den ich bereits mehr als 15 Mal besucht habe und der immer für Überraschungen sorgt.

Englische Gärtner sind sehr experimentierfreudig im Kombinieren von Stauden und Gehölzen und überlassen eher selten etwas dem Zufall. Gerade in Privatgärten gab es durch den Austausch von Erfahrungen und Tipps

Gelegenheit, den Weg zu den oft fast perfekten Staudenpflanzungen nachzuvollziehen. Die Besessenheit, mit der viele englische Gartenfreunde unterwegs sind, wirkt ansteckend und nach jeder Englandreise war auch bei mir Umgestalten angesagt. Diesen Prozess habe ich als Reiseleiter angefeuert und den Teilnehmern Mut gemacht, die ein oder andere Kombination im heimischen Garten nachzuahmen. Karl Foersters Spruch: „Wer mit seinem Garten zufrieden ist, verdient ihn nicht …“, kam mir dabei zu Hilfe.

Ein Gartenerlebnis war für mich bezeichnend für den Gartenenthusiasmus der Engländer: In einem Privatgarten stand eine Bank, auf die man sich nicht setzen konnte, da einige Stauden durch die Lattenroste hindurchgewachsen waren. Auf die Frage, warum die Bank unbenutzbar geworden war, antwortete der Gartenbesitzer: „Zeit zum Ausruhen habe ich sowieso nicht.“ Wenn er früher einmal darauf gesessen hatte, hätten ihn Unkraut und Arbeit beim Umherschauen sofort wieder hochgetrieben.

► Die berühmten Staudenrabatten von Great Dixter beeindrucken mich immer wieder.

► Bei der Chelsea Flower Show ist ein Pflanzenreichtum zu erleben, den man kaum irgendwo anders findet.

ENGLAND

Die Gartenleidenschaft der Engländer wird nicht nur in den Gärten sichtbar. Auf Ausstellungen zeigen sie ihre Fähigkeiten, nicht nur als exzellente Pflanzenkultivateure, sondern auch als geniale Ausstellungsgestalter. So präsentieren Amateure wie Profis auf den größten Blumenausstellungen, der Chelsea Flower Show und der Hampton Curt Flower Show, riesige Sortimente, die selbst den eingefleischten Gärtnern schier das „Blut in den Adern gerinnen" lassen. Aber auch auf den vielen kleineren regionalen Pflanzen- und Verkaufsshows kommt ihre Liebe zu den Pflanzen in wunderbarer Art und Weise zum Ausdruck.

Die „Offene Gartenpforte" – auch bekannt als „open gardens" – ist von England auf das Festland übergeschwappt und begeistert mittlerweile zahlreiche europäische Gartenfreunde. In England wird das Eintrittsgeld übrigens oft für karikative Zwecke gespendet. Der „Charity"-Gedanke ist dort deutlich tiefer verwurzelt als hierzulande.

Wie sehr Klimaveränderungen auch Gärten beeinflussen können, zeigte sich sehr auffällig bei meinen jüngeren Besuchen in England. Sommerliche Trockenperioden machen den gartenbegeisterten Engländern zunehmend zu schaffen und bewirken oft ein Umdenken in der Pflanzenverwendung. Maßnahmen wie die Bedeckung des Bodens mit Mulch, um die Verdunstung zu verringern, gewinnen an Popularität. Den weltberühmten Garten Sissinghurst, auf den ich anschließend noch ausführlicher zurückkomme, hat es offensichtlich 2019 besonders hart getroffen. Über viele Wochen fiel kein Tropfen Regen und den Pflanzungen sah man den Wassermangel an. Beth Chatto, die leidenschaftliche Gärtnerin, hatte den Kiesgarten ursprünglich zwar nicht entwickelt, um der Trockenheit gegenzusteuern, sondern aus anderen Beweggründen. Doch damit hat sie womöglich frühzeitig einen neuen Weg in die Pflanzenverwendung der Zukunft gebahnt.

Im Folgenden möchte ich Ihnen eine Reihe von großen Gärten und Parkanlagen vorstellen, die über die Grenzen Englands hinaus bekannt sind und Ziel zahlreicher Gartenreisen waren. Jede von ihnen wartet mit ihren eigenen Besonderheiten auf und ist auf jeden Fall eines: absolut sehenswert.

Great Dixter

Im gleichen Atemzug wie Sissinghurst möchte ich den Garten von Great Dixter in East Sussex nennen, der durch den Gärtner und Autor Christopher Lloyd seine heutige Ausstrahlung und Berühmtheit erlangte. Immer wieder fasziniert tauche ich dort in die Welt des Senkgartens ein, der sich besonders in den Monaten Juni und Juli von überwältigender Wirkung zeigt. Wildstauden, Gräser, Beetstauden und Blumenzwiebeln wie Dahlien zaubern ein Gesamtbild, das man so schnell nicht wieder vergisst.

Verlässt man den Senkgarten in Richtung Garteninneres überraschen Topfpflanzen-Arrangements in ungewöhnlichen Zusammenstellungen. Unwillkürlich stellt sich immer wieder die Frage: Warum bin ich nicht selbst darauf gekommen? Ich stehe dann wie ein Gartenanfänger vor solchen Szenerien und freue mich über so viel Kreativität.

Bemerkenswert ist zudem die Long Border, eine große, etwa 50 m lange und 3 m breite Staudenrabatte, die im Juli aus ihren Nähten zu platzen scheint. Hier ist deutlich zu sehen, was Great Dixter vor allem berühmt gemacht hat: die ungewöhnlichen Pflanzenkombinationen, die auch das Bild der Rabatte prägen. Vor der Rabatte tauchen Besucher in zahlreiche durch Hecken abgepflanzte Bereiche ein und erleben eine „Dschungelatmosphäre“ der besonderen Art.

► Ungewöhnliche Staudenkombinationen – wie hier im Senkgarten – prägen Great Dixter.

Einen stimmungsvollen Hintergrund für viele Fotos liefert das Haus, eine Nachbildung eines mittelalterlichen Herrenhauses, komplett mit Rittersaal, Salon und Gartenzimmer. Den Eingangsbereich zieren Pflanzen im Topf, die regelmäßig ausgewechselt werden, um perfekte Gartenbilder zu präsentieren. In dem Verkaufsbereich findet sich ein riesiges Sortiment an Pflanzen, sodass viele Teilnehmer meiner Gartenreisen ihre Pflanzenmitbringsel dort ordern.

► Sissinghurst im Sommer – einfach traumhaft

► Szenerie aus dem "Weißen Garten"

Sissinghurst

Es gibt in England Gärten, die durch ihre besondere Bepflanzung prägend für die Gestaltung ganzer nachfolgender Gartengenerationen waren. Da ist ohne Zweifel Sissinghurst in der Grafschaft Kent zu nennen, wo die Schriftstellerin Vita Sackville-West gemeinsam mit ihrem Ehemann Harold Nicholson Farbgärten mit großer Ausstrahlung entwickelte. Hier schlug die Geburtsstunde des berühmten "Weißen Gartens", der seinen Siegeszug durch ganz Europa antrat und oft kopiert wurde. Aber auch der sommerliche gelb-rote Garten setzt Akzente und wird von den umsichtigen Sissinghurstgärtnern beispielhaft gepflegt.

Es sind die gewählten Pflanzenkombinationen, die in Sissinghurst bestechen. Und noch etwas fällt auf: die Gartenräume, die man durchschreitet wie Räume einer Wohnung und die vom Turm aus eindrucksvoll erlebbar sind. Schon nach meinem ersten Besuch in Sissinghurst stand für mich fest, dass entweder Hecken gepflanzt oder Mauern gesetzt werden. Denn ein Garten ist umso wirkungsvoller, wenn er einen Rahmen hat. Außerdem wirkt sich das Mikroklima auf das Gedeihen der Pflanzen aus.

In Sissinghurst verblüfft zudem die Bandbreite der verwendeten Pflanzen. Oft steht man staunend vor ausgesprochenen Raritäten, die ganz beiläufig in Rabatten oder Töpfen eingefügt die Herzen von Pflanzenliebhabern höherschlagen lassen.

Wisley Garden

Die Zeit bei Besuchen in Wisley wird immer knapp, da auf Schritt und Tritt große Pflanzenauftritte warten. Die in Surrey gelegenen Gärten sind das „Schaufenster“ der Royal Horticultural Society (RHS) und lassen hinsichtlich der Staudenverwendung keine Wünsche offen. Ein Herzstück ist die große Doppelrabatte im ansteigenden Gelände, die durch einen breiten Rasenstreifen getrennt wird und ab Mai für viel Aufmerksamkeit sorgt. Staudenarten und -sorten werden in Abständen rhythmisch gepflanzt, womit die Gärtner ein besonderes Spannungsfeld erzeugen. Bereits im April werden Ruten von Haselnuss und anderen Gehölzen gesteckt, damit die hochwachsenden Stauden Halt finden. Diese Maßnahme ist sicherlich auch den zunehmenden stürmischen Wetterlagen geschuldet, die uns scheinbar in regelmäßigen Abständen heimsuchen. Wirkt das Zweiggeflecht auch anfänglich störend, ist mit zunehmendem Wachstum der Stauden davon nur noch wenig zu sehen.

▸ Stauden aus dem Vollen: die Doppel-Boarder in Wisley Garden

Während meiner Führungen steuere ich stets ein besonderes Kleinod an: das berühmte Alpinenhaus, in dem sowohl Raritäten als auch weniger spektakuläre Pflanzen in Töpfen liebevoll und sehr effektiv in Szene gesetzt werden. Die Töpfe werden ständig neu bestückt, um das Niveau hochzuhalten, sodass sich ein Besuch zu jeder Jahreszeit lohnt. Unterhalb des traditionellen Steingartens, dem ältesten Areal von Wisley, sind es Sumpf- und Wasserpflanzen, die auf sich aufmerksam machen. Zur Zeit der Blüte der asiatischen Primeln gibt es unwiderstehlich schöne Partien zu bewundern.

Der renommierte niederländische Landschaftsgestalter Piet Oudolf gestaltete neben dem von der Queen eröffneten modernen Schaugewächshaus üppige Wildstaudenpflanzungen mit Gräsern. Seine unverkennbare großzügige Handschrift prägt zudem die Pflanzungen um einen See. Verzaubern lasse ich mich aber auch gerne von den Schattenbereichen. Gerade im Frühjahr, wenn in den Waldteilen Rhododendren, Magnolien und Kamelien blühen, ist es dort besonders schön.

IRLAND

Mildes Klima kombiniert mit ausreichend Regen lässt in Irland für die Verwendung von Stauden alle Wege offen. Wenngleich ältere Gartenanlagen oft unter englischem Einfluss entstanden sind, können sie ihren irischen Ursprung nicht ganz verleugnen. Heute prägt allerdings eine neue Gärtnergeneration den irischen Garten. Dabei steht die Gartenleidenschaft der Iren der der Engländer in nichts nach.

In der Auswahl der Pflanzen können die Iren aus dem Vollen schöpfen. Wenn dazu noch die reichlichen Regenmengen für ungebremstes Wachstum sorgen, ist es kein Wunder, dass im Gehölzbereich „Riesen“ auftauchen, die Maßstäbe setzen und jahrhundertalte Geschichten erzählen können. Stauden im Schattenbereich und Sumpfpflanzen scheinen zu explodieren und machen ein wenig eifersüchtig, wenn an unsere Gartenverhältnisse gedacht wird. Irland brilliert dazu noch mit einer Fülle reizvoller Landschaften, die nicht selten zur Kulisse für ein ganz großes Gartenerlebnis werden. Viele Gartenreisende verwundert es zunächst, subtropisch anmutende Pflanzen, wie Keulenlilien, Baumfarne und Palmen, in den Gärten zu finden. Doch der Golfstrom sorgt wie in England für ein mildes Klima, vor allem im Winter. Passt dann noch das Mikroklima im Garten, wie bei Helen Dillon der Fall, gedeihen exotische Pflanzen ganz wunderbar.

▸ Der faszinierende Garten von Helen Dillon mit der markanten Treppenanlage.

▸ Die seltene Dreizipfellilie wird hier mit Waldmeister kombiniert.

Garten von Helen Dillon

Gärten kommen und gehen. Ich hatte das große Glück, im Dubliner Vorort Ranelagh den Garten der begnadeten Gärtnerin Helen Dillon ein Jahr vor dem Verkauf des Anwesens (2016) zu besuchen. Über 40 Jahre lang hat sie hier alle Register der Pflanzenverwendung gezogen, unzählige Gartenexperimente vorgenommen und Pflanzenkombinationen ausprobiert. In das geordnete „Durcheinander" von Dillons Garten einzutauchen, war ein ganz besonderes Vergnügen. Scheinbar hatte sie alle Regeln der Gartengestaltung über den Haufen geworfen. Die ganze Welt der Pflanzen schien sich hier ein Stelldichein zu geben. Die Herkunft reichte von Neuseeland über Australien nach Südafrika und rief bei Besuchern Verwunderung und Respekt hervor. Überall war Pflanzenwunderland – Strukturpflanzen neben Blühendem in Töpfen, die eingesenkt in Rabatten, auf Terrassen oder in einem kleinen Gewächshaus für Farbkleckse und Aufmerksamkeit sorgten. Wie kann man einen solchen Garten pflegen, das fragte nicht nur ich mich. Voraussetzung dafür ist auf jeden Fall ein sicheres Gefühl im Umgang mit Pflanzen und ein tagtägliches, intensives Beschäftigen mit einem solchen „Gesamtkunstwerk". Nur so kann ein Garten dermaßen zur Höchstform auflaufen und sich über die gesamte Gartensaison hinweg auf wunderbare Weise präsentieren.

Helen Dillons Name ist in Deutschland unter Gartenfreunden wohlbekannt, nicht zuletzt dank ihrer zahlreichen Bücher. Andersherum haben sich auch einige deutsche Gärtner im Ausland einen Namen gemacht. So hatte die irische Pflanzenfachfrau offenbar bereits einiges von Karl Foerster gehört, denn als ihr bei unserem Besuch ein Mitreisender erzählte, dass ich bei dem Staudenexperten einige Jahre ein und aus gegangen war, wich sie nicht mehr von meiner Seite und wollte mehr über ihn erfahren.

Inzwischen hat Helen Dillon, die inzwischen über 80 Jahre alt ist, in Monkstown, Dublin, ein neues Gartenparadies erschaffen. Der neue Garten wird nach Absprache für Besuchergruppen geöffnet, außerdem finden dort regelmäßig Gartenseminare statt.

► Auch im rauen Berggelände gedeihen die Stauden prächtig.

June Blakes Garten

Ganz anders als der Garten von Helen Dillon im etwas milderen Ranelagh präsentiert sich June Blakes Garten in der Grafschaft Wicklow im rauen Berggelände mit viel Regen und leicht saurem Boden. Jegliche Exoten fehlen und trotzdem zeigt der Garten ein üppiges Wachstum. Zudem ist er ein Paradebeispiel für vorbildliche Staudenverwendung und beherzigt das, was der Grundstein für eine gelungene Staudenpflanzung ist: Der Standort mit Licht- und Bodenverhältnissen muss stimmen. Hierbei ist eine Bodenanalyse hilfreich und darauf aufbauend eine gründliche Bodenverbesserung. June Blake hat es verstanden, mit einer jahreszeitlich fein abgestimmten Blühfolge von Stauden in rhythmischen Höhenstaffelungen Spannungsfelder aufzubauen, die alle Gartenreisenden begeisterten. Durch das geschickte Einstreuen von Blumenzwiebeln, dem Einsatz rotlaubiger Gehölze und vieler Gräser, sind ihre Staudenpflanzungen auch über magere Sommermonate hinweg ein Augenschmaus. Die Pflanzbeispiele hier lassen sich zudem gut auf unsere Verhältnisse und Gärten übertragen. Eingebettet liegt der Garten in den malerischen Wicklow-Bergen – ein Umfeld, das die Wirkung der Anpflanzungen noch vergrößert.

► Tulpen ergänzen auf ideale Weise den Austrieb der Stauden.

▸ Üppige Ufervegetation in großzügiger Parklandschaft – das ist Mount Usher.

Mount Usher

Von den größeren Gartenanlagen in Irland ist Mount Usher zweifelsfrei mein Favorit. Nicht nur wegen der Wasserläufe, der kleinen Wasserfälle und des stattlichen Baumbestandes mit vielen selten Exemplaren. Es sind die Staudenpflanzungen entlang der Wasserläufe, die meisterhaft unter Beachtung der Standortansprüche in diesem außergewöhnlichen Garten platziert wurden, die mich beeindruckt haben. Nur wer gezielt ein Auge für Pflanzplätze hat und Stauden ganz bewusst für Sonderaufgaben einsetzt, kann die Wirkung erzielen, die Mount Usher dem Betrachter bietet.

Besonders gelungen und ausdrucksstark fand ich bei meinem Besuch die Pflanzungen im Halbschatten an kleinen Bächen mit asiatischen Primeln, Astilben, Hosta, Rodgersien, Farnen, Schildblatt, Scheincalla, Knöterich, immergrünen Gräsern, Iris und vielen weiteren Stauden. Im Frühjahr beleben Tausende von Blumenzwiebeln die weitläufigen Waldlandschaften, darunter Schneeglöckchen, Krokus, Scilla, Anemonen, Narzissen und Hundszahn. Ein Höhepunkt ist sicherlich die Blüte der Azaleen und Rhododendren im Mai. Im Herbst ist die Färbung der Gehölze und Bäume spektakulär und rechtfertigt einen späten Besuch. Als Garten und Staudenmensch fühlt man sich hier einfach wohl und tut sich schwer, sich von diesem einzigartigen Garten wieder zu verabschieden.

▸ Asiatische Primeln blühen am Bachrand.

► Ein schönes Wechselspiel von Gräsern und Stauden zeigt sich mancherorts in Schweden.

SCHWEDEN

Natürlich ist Schweden nicht das klassische Gartenland wie England und die Dichte vorzüglicher Gärten liegt nicht so eng beieinander wie in vielen anderen Ländern Europas. Deshalb war bei einigen „Stammkunden", die regelmäßig an den Gartenreisen teilnehmen, Skepsis angesagt, als das Ziel einer Tour Schweden sein sollte. Das Ergebnis dieser Reise überraschte jedoch und bescherte erstaunte Teilnehmer, die mit vielfältigen und faszinierenden Garteneindrücken zurückkamen. Denn bereits im 17. Jahrhundert, als Schweden weite Teile Europas kontrollierte, entstanden Schlösser und Herrenhäuser mit beeindruckenden Gartenanlagen, die einen Besuch lohnen. Dazu kommt die typische Landschaft mit Wäldern, Seen, Fels- und Meeresszenerien sowie die traditionellen Holzhäuser – das alles ist es wert, entdeckt zu werden und trägt zum Gesamterlebnis einer Reise bei.

Das Schloss Sofiero und seine Gärten

Das Schloss Sofiero liegt in der Nähe von Helsingborg und wurde Mitte des 19. Jahrhunderts als Sommerwohnsitz für Prinz Oskar und seine Frau Sophia von Nassau errichtet. Anfang des 20. Jahrhunderts wurden die ersten Rhododendren einer einzigartigen Sammlung gepflanzt, der heute mehr als 10.000 Exemplare in über 300 Arten und Sorten angehören. Aber auch die Staudenanlagen, die in den vergangenen Jahren angelegt wurden, lassen die Herzen der Besucher höherschlagen.

Für mich war wichtig zu erfahren, welche Stauden in Schweden Verwendung finden und vor allem, wie sie kombiniert werden. Das Ergebnis war verblüffend, denn von Südschweden (Malmö) bis in den Raum um Göteborg ist die Staudenverwendung vergleichbar mit Deutschland. Es gibt in Schweden nur Probleme bei der Pflanzenbeschaffung, da Staudengärtnereien, wie wir sie kennen, dort Mangelware sind. Die Staudenanlagen in Sofiero können jedenfalls locker mit ähnlichen Pflanzungen in England konkurrieren. Vorzüglich sind die Mischpflanzungen mit Gräsern, die auch hier von einem neuen Stil der Pflanzenverwendung künden. Sofiero ist ein Vorzeigeobjekt schwedischer Gartenkultur und einer der beliebtesten Gartenparks in Schweden. Pflanzenfreunde kommen hier voll auf ihre Kosten!

► Hier können Gartenfreunde sich inspirieren lassen.

► Japangras ist stets ein guter Partner im Staudenbeet.

Botanischer Garten Göteborg

Lange bevor ich die MDR-Gartenreise nach Schweden antrat, besuchte ich mehrmals den Botanischen Garten in Göteborg. Er ist nicht nur Ort der wissenschaftlichen Arbeit und der systematischen Beetpflanzungen, sondern ein Ort, der gestalterische Vielfalt zulässt und der Lust auf Garten macht. Nicht nur deshalb steht er auf der Beliebtheitsliste von Schweden ganz weit oben. Die Staudenpflanzungen sind gut durchdacht, top gepflegt und vermitteln immer Ideen zum Nachempfinden. Im Rhododendrontal sind es die Schattenstauden, die ideale Wachstumsbedingungen vorfinden und üppiges Wachstum zeigen mit imponierender Wirkung.

Berühmt ist der Steingarten, der mehr als 10.000 Arten in einem natürlichen Felsengarten beherbergt. Die Staudenrabatten im Eingangsbereich und im zentralen Teil überraschen mit Blüh- und Blatteffekten über die gesamte Saison. Man sollte sich viel Zeit beim Durchstöbern dieser Anlage nehmen, da immer mit Aha-Effekten zu rechnen ist, die für einen Botanischen Garten eher ungewöhnlich sind.

Außerordentlich gelungen fand ich die Staudenpflanzungen am Café. Den Kaffee mit den traditionellen Zimthörnchen können Besucher inmitten üppigen Staudenflors genießen – ein Beispiel, das Schule machen sollte! Einen Besuch des modern gestalteten Kräutergartens sollte man in jedem Fall ebenfalls einplanen.

▸ Phlox besticht neben weißbuntem Japangras.

▸ Der Botanische Garten in Göteborg lässt in Sachen Staudenverwendung keine Wünsche offen.

▸ Vorbildlich: So können Kinderspielplätze bepflanzt werden.

Trädgårdsföreningen

Eine öffentlich zugängliche Parkanlage ohne Eintritt mit der Substanz, wie Trädgårdsföreningen sie hat, ist für die Stadt Göteborg etwas Besonderes und setzt Maßstäbe. Welchen Stellenwert die Kinder in Schweden haben und wie großzügig Staat und Kommunen sie unterstützen, zeigt der mit Stauden und Gehölzen bepflanzte Spielplatz. Da möchte man noch einmal zum Kind werden, um Natur spielerisch zu entdecken.

Im Stadtpark integriert ist Schwedens größter Rosengarten mit mehr als 2000 Arten und Sorten auf einer Fläche von fünf Hektar. Wenn die Stauden auch nicht die erste Geige in Trädsgårdsföreningen spielen, so gibt es überall gelungene Beispiele der Pflanzenverwendung – ob in Sonne oder Halbschatten – zu entdecken. Als Ausflugsziel ist dieser Park bei den Göteborgern sehr beliebt und wird entsprechend gut frequentiert.

▸ Erstaunliche Pflanzenbilder in einer öffentlichen Grünanlage

► Begrüßungsszenerie im sehenswerten Wassergarten von Ada Hofmann.

NIEDERLANDE

Natürlich kann man die Garten- und Pflanzenkultur in den Niederlanden nicht reduzieren auf den traditionellen Anbau von Blumenzwiebeln, das blühende Frühlingseldorado vom Keukenhof oder den spektakulären Blumengroßhandel. In der Staudenverwendung der Neuzeit setzte vor allem der Landschaftsgärtner Piet Oudolf Maßstäbe, indem Wildstauden mit Gräsern kombiniert oft im strengen Rahmen beeindruckende, naturhafte und ganzjährig erlebbare Pflanzungen bildeten. Weit vorher war Mien Ruys sehr erfolgreich tätig.

Sie war eine der ersten niederländischen Landschaftsgärtnerinnen und pflanzte unter anderem Rabatten im englischen Stil, widmete sich mit viel Feingefühl und Gestaltungskraft Schattenbereichen und Wildpflanzenpartien.

In einem der führenden Schaugärten Europas in Appeltern, mit seinen mehr als 200 Beispielgärten, ist etwas ganz Großes „herangewachsen" und lässt in Sachen Pflanzenverwendung keine Wünsche offen.

De Tuinen von Appeltern

Wenn man nach einigen Jahren beschließt, Appeltern wieder einmal zu besuchen, kommt man aus dem Staunen nicht mehr heraus. Aus der ehemals kleinen Gartenanlage ist im Laufe der Zeit ein großes Areal geworden mit mehr als 200 verschiedenen Gärten. Selbst als gestandener Pflanzenmann ist der Speicher nach einem ganztägigen

▸ Prachtvolle Kombination verschiedener Salbeisorten mit Graslilien.

▸ Schöne Idee: Ausgediente Schuhe werden als Pflanzgefäße genutzt.

Besuch so voll, dass erst einmal Abstand guttut, um alle Eindrücke einigermaßen verarbeiten zu können. Stauden für alle werden in unterschiedlichen Lebensbereichen für vielerlei Aufgaben am optimalen Standort gezeigt. Das große Reich der Gartenpflanzen, vor allem der Stauden, wird hier wie ein Teppich vor einem ausgerollt und man kann gut ermessen, wie unendlich groß und voller Vielfalt das Reich der Stauden sein kann.

In Appeltern heißt es tief Luft holen, studieren und genießen. Der Garten ist für mich eine Genussmeile, die man immer wieder erleben kann, ohne von Wiederholungsängsten geplagt zu werden. Der eingewachsene Gehölzbestand tut ein Übriges und ist ein wundervoller Rahmen für die mannigfaltigen Bepflanzungen. Hier zeigt sich der Vorteil von eingewachsenen Anlagen im Gegensatz zu einigen Bundesgartenschauen, wo buchstäblich in letzter Minute noch Pflanzen „versenkt“ werden und wo üppige Pflanzungen erst Jahre nach der Eröffnung zu erwarten sind. Die Möglichkeit, gesehene und für gut empfundene Pflanzen in einem gut sortierten Pflanzencenter zu erwerben, ist ein weiterer Vorteil dieser vorzüglichen Gartenanlage. Appeltern ist kein bloßer Erholungspark, sondern Bildungsstätte und jeder Gartenfreund kann Anregungen, Pflanzenkombinationen sowie den „aufgefüllten Gartentank“ mit nach Hause nehmen.

▸ Einfach traumhaft ist der Teich mit blühenden Seerosen und Sumpfpflanzen.

Botanische Vijvertuinen Ada Hofman

Wassergärten, wie dem von Ada Hofman Ende der 80er-Jahre angelegte, begegnet man selten. Neben einem größeren Teich gibt es 50 Wasserflächen mit Stauden im und am Wasser und angrenzenden Beeten zu entdecken, die vom Kleinklima profitieren und förmlich zu explodieren scheinen. Die mächtigen Blätter der Scheincalla, des Chilenischen Mammutblattes, der Pestwurz, des Zierrhabarbers und des Schildblattes zehren von der Wassernähe und überraschen durch die Wuchtigkeit ihrer Erscheinung.

Paradiesische Vorstellungen geben die Seerosen, die ab Juni zeigen, welch ein Potenzial in ihnen steckt. Der Garten bietet natürlich ideale Möglichkeiten für vielerlei Getier und Besucher werden nicht nur von Libellen umschwärmt. In den vergangenen Jahren wurde die Anlage umfassend saniert und erstrahlt in frischem Glanz. Ein Besuch ist nicht nur für Wassergärtenfreunde ein Muss!

In Wassernähe wachsen die Stauden recht üppig.

▸ Ein stimmiges Bild empfängt Besucher hier, unter anderem mit Hosta und Stipa tenuissima.

Mien Ruys Tuinen

Für die Gartenkultur der Niederlande war Mien Ruys, die Tochter eines bekannten Gärtners, der auch mit Karl Foerster kommunizierte, ein Glücksfall. Ihre Leidenschaft galt den Stauden und bei ihr trafen Kenntnisse der Pflanzenverwendung aus England (Gertrude Jekyll) auf welche aus Deutschland (Karl Foerster und Georg Arends). Mit ihrem Mut zu experimentieren und eigene Erfahrungen zu sammeln, entwickelte sie daraus ihren eigenen Gartenstil, mit ausgewählten Pflanzenkombinationen, die den von ihr 1927 gegründeten Garten in Dedemsvaart bis heute prägen.

▸ Die Farne unterstreichen die Wirkung der Skulptur im Schattengarten.

In dem nur zwei Hektar großen Garten folgt Paukenschlag auf Paukenschlag. Im ausgedehnten Waldteil sind exzellente Stauden für den Schatten zu bewundern. Der Rundgang führt auf Lichtungen, wo unter anderem sonnenhungrige Wildstaudenkombinationen überraschen. Man hat das Gefühl, dass die Natur alles selbst arrangiert hat, obwohl es sorgfältig geplant und bepflanzt wurde. Dass die Stauden hier besonders üppig zu wachsen scheinen, ist wohl auch auf das günstige Kleinklima zurückzuführen. Die 25 Gärten von Mien Ruys zu durchstreifen, ist für den Stauden- und Pflanzenfreund einfach Vergnügen. Im geistigen Gepäck wandern viele Anregungen mit nach Hause.

► Blauschwingel

► Elfenblumen

► Mittelmeer-Wolfsmilch

► Frauenmantel

► Gänsekresse

► Hirschzungenfarn

► Muskatellersalbei

► Winter im Garten Schöne

▸ Chinaschilf mit Berberitzenschmuck

DEZEMBER

Das Gartenjahr verabschiedet sich mit eindrucksvollen Bildern

Kapitel 13

KARL FOERSTERS VERMÄCHTNIS

DAS VERMÄCHTNIS VON KARL FOERSTER (1874–1970)

Wohl kaum ein anderer Mensch hat meinen beruflichen Werdegang so stark beeinflusst wie der berühmte Gärtner und Gartenphilosoph Karl Foerster. Von einer ehemaligen Mitstudierenden wurde ich kürzlich anlässlich eines Seminartreffens gefragt, was der Grund war, schon kurz nach Studienbeginn die Bekanntschaft mit Karl Foerster gesucht zu haben. Auf diese Frage konnte ich ihr keine Antwort geben. Natürlich war ich beeindruckt von seinen kleinen gartenphilosophischen Büchern „Ferien vom Ach" und „Warnung und Ermutigung", die ich bereits als Lehrling „verschlungen" hatte. Wenn auch viele Leser von Foersterbüchern mir berichteten, auf Grenzen im Verständnis gestoßen zu sein – ich habe damit nie Probleme gehabt. Aber mindestens genauso ausschlaggebend war mein Interesse an Stauden, das Mitte der 60er-Jahre bereits sehr ausgeprägt war. Karl Foerster mit seinem besonderen Verständnis ihrer Verwendung war für mich ein leuchtendes Vorbild, dem ich gerne nacheiferte.

Im Laufe des Studiums war ich gern gesehener Gast im Hause Foerster und reihte mich in die Zahl derer ein, die Karl Foerster – der aufgrund seiner starken Rückenprobleme kaum noch laufen konnte – im Rollstuhl durch den Garten schoben. Als willkommene Abwechslung zum manchmal trockenen Studienalltag genoss ich die Arbeiten im Senkgarten, wo der Neptunkopf am Teich thronend die Szenerie überstrahlte. Immer wieder versuchte Karl Foerster, mich davon zu überzeugen, mein Studium abzubrechen, um bei ihm in der Bornimer Gärtnerei einen Neuanfang zu wagen. In seinen Augen waren viele der Fächer in meinem Studienplan unnütz, sodass ich in der

► Karl Foerster – Gärtner, Züchter, Wegbereiter

Praxis deutlich besser aufgehoben wäre. Mein Betriebsleiterpraktikum im nahe gelegenen Satzkorn gab mir Gelegenheit, die Beziehungen zum Hause Foerster zu intensivieren. Über zahlreiche Begegnungen dort habe ich bereits in meinem Buch „Gräser und Blattschmuckstauden" berichtet. Tatsächlich war das Haus Foerster eine Begegnungsstätte, nicht nur für gärtnerisch Interessierte, sondern auch für kulturell und künstlerisch geprägte Gäste. Ob es die Leiterin des Union Verlages, Barbara Faensen, der Staudengärtner Heinz Hagemann, der Landschaftsarchitekt Hermann Göritz oder viele andere interessante Persönlichkeiten waren, mein Blick wurde rundherum geschärft.

Die Bekanntschaft mit Karl Foerster zeigte übrigens auch auf Gartenreisen ihre Wirkung. In Dublin besuchten wir den traumhaften Garten der bekanntesten irischen Gärtnerin Helen Dillon und ein Mitreisender erzählte ihr von meinem Verhältnis zu Karl Foerster. Sie wich nicht von meiner Seite und es entstand ein gemeinsa-

▸ Einfach beeindruckend: Herbststimmung im Senkgarten.

mes Foto (siehe Autorenporträt), auf dem unsere Hände auf dem Gartenwerkzeug schlechthin ruhten – einem Spaten.

Karl Foerster war ein einzigartiger Pflanzenkenner und wir ehren ihn am besten, wenn wir in seinem Sinne gärtnerische Akzente setzen und helfen, „Gartenfreude wie noch nie“ zu verbreiten. So bin ich glücklich, zur BUGA 2021 in Erfurt im Karl-Foerster-Garten des egaparkes eine Terrasse mit Unterstützung des Vereins der egapark-Freunde zu gestalten.

▸ Karl Foerster hätte seine Freude an dem sommerlichen Staudenflor gehabt, der am Wasserbecken zu finden ist.

Karl-Foerster-Garten, Bornim

Nicht nur aufgrund meiner persönlichen Verbindung zu Karl Foerster und seiner Familie zieht es mich regelmäßig nach Bornim. Dank der Deutschen Stiftung Denkmalschutz kommen Gartenfreunde aus aller Welt dort in den Genuss, durch den Garten des einzigartigen Staudenliebhabers Karl Foerster zu schlendern. Am Wohnhaus hat er zu Lebzeiten ein Pflanzenparadies aufgebaut, dessen Herzstück der berühmte Senkgarten ist.

Kapitel 14

10 FEHLER, DIE VERMIEDEN WERDEN SOLLTEN

10 FEHLER, DIE VERMIEDEN WERDEN SOLLTEN

1. Ungenügende Bodenvorbereitung vor der Pflanzung

Bei diesem Thema muss Ehrgeiz entwickelt werden! Zunächst empfiehlt es sich, den vorhandenen Boden tiefgründig zu lockern und von Dauerunkräutern zu befreien. Gut verrotteter Kompost kann zur Bodenverbesserung verwendet werden.

Sollten größere Projekte ins Haus stehen, greifen Sie zu Staudensubstrat von zertifizierten nahe gelegenen Erdenwerken. Kleinere Flächen verbessere ich immer mit einer guten Garten- bzw.-Kübelpflanzenerde.

2. Statt einen Pflanzplan zu erstellen, erfolgen nur spontane Einkäufe von Pflanzen

Die Versuchung ist immer wieder groß, blühende Stauden in Töpfen in den Gartenmärkten zu erwerben. Vor allem zu einer Zeit, wo nicht viel blüht (Sommerloch), bringen sie Farbe in den Garten und setzen Akzente. Ab und an, besonders dann, wenn sich Gartenbesuche ankündigen, ertappe auch ich mich dabei, den Garten „aufzuhübschen".

Das sollte aber keineswegs ausschließlich der Fall sein, sonst fehlt die gestalterische Linie und das Beet sieht bald aus wie „Kraut und Rüben". Wer mit einem Pflanzplan arbeitet, hat nicht nur mehr Freude, sondern auf Dauer auch weniger Arbeit. Auf der Grundlage eines Pflanzplanes sollten die vorgesehenen Stauden in einer hiesigen Gärtnerei erworben oder über Versand-Gärtnereien bestellt werden. Im Kapitel „Bezugsquellen" finden Sie eine ganze Reihe von Staudengärtnereien mit artenreichen Sortimenten und Versandmöglichkeiten.

3. Rückschnitttermine nicht beachten

Beim täglichen Gartenrundgang habe ich meine Schere stets dabei. Wird der Rückschnitt bzw. das Ausputzen vernachlässigt, bringt man sich um viele Blütenfreuden. Stauden, die remontieren, das heißt, nach dem ersten Flor eine zweite Blüte bilden, müssen zurückgeschnitten werden. Erfolgt der Rückschnitt nicht, werden Samen gebildet und die ganze Pflanze wird mit Fortschreiten der Saison immer unansehnlicher. Bei vielen Stauden genügt das ständige Ausputzen alles Verblühten, um Blütennachschub zu bilden.

4. Ignorieren von Standortansprüchen

Fast jeder Standort im Garten kann erfolgreich mit Stauden besiedelt werden, wenn den Ansprüchen der Pflanzen an Boden und Lichtverhältnisse Beachtung geschenkt wird. Deshalb muss genau geprüft werden, welche Standortansprüche mein Garten bietet und welche Pflanzen ich dem Garten und seinen Pflanzplätzen zumuten kann.

5. Versamende Stauden nicht zurückschneiden

Ich denke hier z. B. an den „Akelei-Garten", der sich schnell bilden kann, wenn die abgeblühten Stängel nicht zurückgeschnitten werden. Die Akeleien breiten sich relativ schnell über den ganzen Garten aus. Da ihre Blüte durchaus Reize hat und mit einem großen Farbspektrum aufwartet, muss ja nicht alles zurückgeschnitten werden. Lässt man einige Stängel stehen, ist die Nachzucht gesichert. In ähnlicher Weise kann man bei vielen anderen sich versamenden Stauden verfahren.

6. Stauden zu eng pflanzen

Leider wird oft der Fehler gemacht, dass Stauden zu eng gepflanzt werden und ihr Wuchsverhalten nicht berücksichtigt wird. Einige Stauden können durchaus $1 m^2$ und mehr einnehmen, wenn sie nach zwei bis drei Jahren loslegen. Im Schattenbereich nenne ich hier als Beispiel die Rodgersie, im Sonnenbereich die Papyrussonnenblume. In jedem Fall vergreisen Stauden bei zu enger Pflanzung deutlich früher, sodass ihr Lebensalter unter den Erwartungen bleibt.

7. Blumenzwiebeln wahllos in den Garten einsetzen

Es ist buchstäblich zum Haareraufen, wenn ich im Frühjahr an Vorgärten vorbei gehe oder Gärten besichtige. Blumenzwiebeln und Knollen durcheinander gepflanzt geben ein buntes Bild ab – und lassen zeitweilig durchaus Freude aufkommen. Doch wenn sie verblüht sind und inmitten von Staudenbeeten sich ein Sammelsurium von ihnen wiederfindet, sieht die Lage anders aus. Bis zum Einziehen prägen sie wochen- bzw. monatelang das Gartenbild und sehen oft unschön aus.

Es ist übrigens kein Vergnügen, solche Flächen neu zu gestalten. Selbst wenn man vor der Neupflanzung denkt, alle Knollen- und Zwiebeln aufgenommen zu haben, sprießen viele nach wie vor im nächsten Jahr unkontrolliert aus dem Boden. Also setzen Sie Blumenzwiebeln und Knollen im Garten von Anfang an gezielt ein und ersparen Sie sich damit viel Gartenärger.

8. Alle Stauden vor dem Winter radikal abschneiden

Das kann man natürlich mit Ausnahme der immergrünen und wintergrünen Stauden und hohen Gräsern so handhaben, wenn im Frühjahr dafür keine Zeit eingeplant werden kann. Für das Erlebnis des winterlichen Gartens jedoch sollten möglichst viele Stauden stehenbleiben, um sich von Frost und Raureif zauberhaft in Szene setzen zu lassen.

9. Zwischen den Stauden im Herbst umgraben

In ländlichen Regionen sieht man es leider oft: Wenn der Gemüsegarten umgegraben ist, kommt der Ziergarten dran. Für das Mikroorganismenleben im Boden und die Entwicklung der Stauden selbst, sollte das Umgraben tunlichst unterlassen werden. Auch der Frost ist in der Lage, stärker in den Boden zu dringen und es kann zu Schäden bei den Stauden führen. Häufigeres Jäten dagegen fördert die Gesundheit des Bodens.

10. Wurzelunkräuter vor dem Pflanzen nicht entfernen

Giersch, Disteln und Quecke müssen vor der Pflanzung komplett entfernt werden. Dazu ist viel Geduld und Arbeit erforderlich, auch bei der „Restebeseitigung“ nach der Pflanzung.

Ackerschachtelhalm und Ackerwinde können durch ihr weit verzweigtes Wurzelsystem immer wiederkommen, selbst wenn sie zunächst entfernt worden sind. Da hilft nur konsequentes Gegensteuern: Mit der aufwendigen, aber wirksamen Methode des kompletten Erdaushubs bis 30 cm und dem Einbringen einer Unkrautdämmmatte in dieser Tiefe, lassen sich die wuchsfreudigen Unkräuter bändigen.

BEZUGSQUELLEN

Staudengärtnerei Augustin
Neunkirchener Straße 15
91090 Effeltrich
www.stauden-augustin.de

Foerster-Stauden GmbH
Am Raubfang 6
14469 Potsdam-Bornim
www.foerster-stauden.de

Staudengärtnerei am Bahnhof Groß Kreutz
Bahnhofstraße 5
14550 Groß Kreutz
perenna@t-online.de

Stauden Junge
Seeangerweg 1
31787 Hameln
www.stauden-junge.de

Staudengärtnerei Willi Tangermann e. K.
Rauhe Wiese 17
31171 Nordstemmen
tangermann-stauden@t-online.de

Staudengärtnerei Siegmar Poltermann
Weimarische Straße 27 f
99099 Erfurt
www.stauden-poltermann.de

E. Koch Staudenkulturen
Im kleinen Feld 8
99094 Erfurt-Bischleben
www.koch-stauden.de

Staudengärtnerei Arends-Maubach
Monschaustraße 76
42369 Wuppertal
www.arends-maubach.de

Stauden Stade
Beckenstrang 24
46325 Borken-Marbeck
www.stauden-stade.de

Osnabrücker Staudenkulturen
Linner Kirchweg 2
49143 Bissendorf
www.zur-linden-stauden.de

Ziergräser Hensen
Zievericher Mühle 4
50126 Bergheim
www.ziergräeser-haensen.de

Staudengärtnerei Kirschenlohr
Im Lammsbauch 29 (Büro)
67346 Speyer
www.stauden-kirschenlohr.de

Klenart Stauden
Stotternheimer Straße 16
99087 Erfurt
www.klenart-stauden.de

Staudengärtnerei Gaißmayer
Jungviehweide 3
89257 Illertissen
www.gaissmayer.de
Bäuerleins Grüne Stube
Gartenstraße 17
93077 Peising
www.baeuerleins-gruene-stube.de

Königliche Gartenakademie
Altensteinstraße 15 a
14195 Berlin
www.koenigliche-gartenakademie.de

Schuster Staudenkulturen
Am Korstick 19
45239 Essen
www.schuster-stauden.de

Fehrle Stauden
Am Paulushaus
73527 Schwäbisch-Gmünd
www.fehrle-stauden.de

Schachtschneider Stauden und Marketing
Kirchhatter Straße 14
27801 Neerstedt
www.schachtschneider-stauden.de

Staudengärtnerei Jentsch
Rayskistraße 1
01219 Dresden
www.dresdner-stauden.de

Staudengärtnerei Gräfin von Zeppelin OHG
Weinstraße 2
79295 Sulzburg-Laufen
www.graefin-von-zeppelin.de

Floragarten Weinreich
Neue Straße 1
39326 Wolmirstedt
www.floragarten-weinreich.de

Härlen Staudengärtnerei
Unter den Linden 100
21435 Stelle
www.haerlen-stauden.de

Bamberger Staudengarten
Gundelsheimer Straße 80
96052 Bamberg
www.bamberger-staudengarten.de

Lux Staudenkulturen
Gärtnerweg 39
01796 Pirna
lux-stauden@t-online.de

Sarastro Stauden (Österreich)
Kammer 42
A-4981 Reichersberg
www.sarastro-stauden.com

Baumschule Camehl
Im Grundfeld 5
29399 Betzhorn
www.baumschule-camehl.de

Staudensamen
Jelitto Staudensamen GmbH
Am Toggraben 3
29690 Schwarmstedt
www.jelitto.com

DER AUTOR

Im Nachkriegswinter 1946 geboren, verbrachte Horst Schöne seine Kinder- und Jugendjahre in einem Bauerngehöft in der Sächsischen Schweiz. Sehr zeitig wurde er dort mit den Mühen und Reizen einer einzelbäuerlichen Wirtschaft konfrontiert.

Frühe Naturerlebnisse in Form von blühenden, artenreichen Wiesen, interessanter Feldrain- und Teichflora sowie die Berglandschaft des Elbsandsteingebirges prägten das Naturverständnis des vielseitig interessierten Heranwachsenden. Gleich im Anschluss an die Gärtnerlehre mit Abiturabschluss studierte Horst Schöne an der Humboldt-Universität zu Berlin Gartenbau, wobei der Zierpflanzenbau im Vordergrund stand. Die Bekanntschaft mit dem passionierten und namhaften Gärtner Karl Foerster begann kurz nach Studienbeginn und setzte für den beruflichen Werdegang wichtige Akzente.

Nach dem Studium begann Horst Schöne im VEG Saatzucht Baumschulen Dresden eine Tätigkeit in der zentralen Leitung. 1978 bot sich die Gelegenheit, tatsächlich das Hobby zum Beruf zu machen. Auf der Internationalen Gartenbauausstellung in Erfurt übernahm der Fachmann die Pflege des alten Parkteiles, insbesondere der Staudengärten. Mit einem kleinen Gärtnerteam gelang es, den Zustand der Anlagen zu verbessern.

Nach der Wende wurde Horst Schöne als Parkleiter die Pflege des gesamten verbleibenden Geländes des heutigen egaparks übertragen. Damit eröffnete sich die Gelegenheit der Aneignung von Kenntnissen in vielen

Gartenbereichen bis hin zur tropischen Pflanzenwelt. Dieses Wissen half ihm bei der botanischen Begleitung von weit über 50 Gartenreisen, die ihn seit 1995 in Traumgärten vieler europäischer Länder führen.

Als vielseitiger Gesprächspartner im „MDR Garten" vermittelte unser Autor lange Jahre sein Wissen an die Fernsehzuschauer. Zudem beantwortet er seit mehr als 17 Jahren im „MDR THÜRINGEN Das Radio" Fragen zu allen Themen des Gartens.

Ab 2008 in den „Unruhestand" gewechselt, halten der große eigene Garten, Gartenreisen, Vorträge und viele weitere Aktivitäten den Gärtner aus Leidenschaft in Atem.

► Unter Gleichgesinnten: Die berühmte irische Gärtnerin Helen Dillon durfte ich bei einer Gartenreise auf die Grüne Insel persönlich kennenlernen.

DANKSAGUNG

Herzlichen Dank
Anne Huntemann – meiner großartigen Lektorin.
Dem Verlag LV.Buch, der Grafik und besonders
Frau Kristin Sommer.

für die fotografische Unterstützung:
Prof. Wolfgang Borchardt
Heike Bormann
Ruth Bredenbeck
Dietmar Gabler
Peter Grimm
Stefan Greyn
Claus Heuvemann
Josef Holzbecher
Andrea und Horst Martini
Der Zeitschrift Landlust
Der Deutschen Stiftung Denkmalschutz/Karl Foerster Garten, Potsdam

Herzlichen Dank auch an meine Frau für ihre unermüdliche Geduld und die tolle Assistenz.

IMPRESSUM

LV.Buch im Landwirtschaftsverlag GmbH, 48084 Münster

2. Auflage 2022

Gestaltung: LV.Buch im Landwirtschaftsverlag GmbH
Satz: Imke Einnolf, LV MediaPro im Landwirtschaftsverlag GmbH
Redaktion/Lektorat: Anne Huntemann, Tecklenburg
Fotografie: Horst Schöne,
außer S. 3, S. 63: Dietmar Gabler; S. 5, S. 56 (2 Fotos), S. 84, S. 87, S. 165 (3 Fotos): Prof. Wolfgang Borchardt; S. 21: Andrea und Horst Martini; S. 33, S. 118, S. 161 (3 Fotos): Ruth Bredenbeck; S. 96 (4 Fotos), S. 97: Peter Grimm; S. 147 (9 Fotos): Landlust Mai/Juni 2014; S. 162 (3 Fotos): Claus Heuvemann; S. 163 (3 Fotos): Josef Holzbecher; S. 164 (3 Fotos): Stefan Greyn; S. 180, S. 181 (2 Fotos), S. 182 (2 Fotos), S. 183 (2 Fotos): Heike Bormann; S. 193 (2 Fotos): Deutsche Stiftung Denkmalschutz
Illustrationen: Noemi Bengsch, www.noemis-atelier.de
Druck: Westermann Druck Zwickau

ISBN 978-3-7843-5684-6

FSC www.fsc.org MIX Papier aus verantwortungsvollen Quellen FSC® C110508